广东金融学院成人高等教育系列教材

会计学基础习题集

（第二版）

kuaijixue jichu xitiji

江金锁　主编

暨南大学出版社
JINAN UNIVERSITY PRESS

中国·广州

图书在版编目（CIP）数据

会计学基础习题集/江金锁主编．—2版．—广州：暨南大学出版社，2012.8
（广东金融学院成人高等教育系列教材）
ISBN 978-7-5668-0273-6

Ⅰ.①会… Ⅱ.①江… Ⅲ.①会计学—成人高等教育—习题集 Ⅳ.①F230-44

中国版本图书馆CIP数据核字（2012）第185132号

出版发行：暨南大学出版社

地　址：中国广州暨南大学
电　话：总编室（8620）85221601
营销部（8620）85225284　85228291　85228292（邮购）
传　真：（8620）85221583（办公室）　85223774（营销部）
邮　编：510630
网　址：http：//www.jnupress.com　http：//press.jnu.edu.cn

排　版：广州市天河灵动轩照排中心
印　刷：广州百思得彩印有限公司

开　本：787mm×960mm　1/16
印　张：9.5
字　数：172千
版　次：2009年8月第1版　2012年8月第2版
印　次：2012年8月第2次
印　数：6501—10500册

定　价：19.00元

（暨大版图书如有印装质量问题，请与出版社总编室联系调换）

总　序

经济的全球化发展，使得国际竞争的实质在很大程度上是各国科学技术力量的竞争、人才的竞争。发展教育事业、不断完善人们的知识结构、提高人们的知识水平已成为时代的要求。随着我国经济的迅速发展、产业结构的不断调整、传统产业部门的改造、新兴产业部门的建立，数以千万计的各种岗位劳动者需要通过边工作边学习的方式来调整自己的知识结构和提高自己的知识水平，以适应这种现代经济与社会发展的要求。我国成人高等教育的发展面临着可贵的机遇，也肩负着重大的历史使命。

为了适应成人高等教育事业蓬勃发展的需要，打造我院成人高等教育品牌，实现“规模扩大、结构合理、效益显著”的奋斗目标，在学校领导和有关部门的大力支持下，经过周密筹划和积极准备，我院继续教育学院正式启动“成人高等教育系列教材”编写工作，计划用三年时间，聘请学校各专业长期从事成人教育的专家、学者，在总结我院成人教育教学经验的基础上，编写公共基础课和专业基础课教材及学习辅导书总计十五本左右，力求使这批教材从内容到形式真正符合成人学习的特点和要求。

2008 年，第一批推出的“广东金融学院成人高等教育系列教材”包括以下七种：《计算机应用基础》、《计算机应用基础习题解答与上机实验》、《微积分》、《微积分辅导》、《中国特色社会主义理论体系论纲》、《经济应用文写作》、《经济应用文写作范例与练习》。

2009 年，第二批将推出的“广东金融学院成人高等教育系列教材”包括以下六种：《统计学》、《会计学基础》、《会计学基础习题集》、《西方经济学》、《西方经济学习题集》、《管理学原理》。

本系列教材吸收了同类教材的优点，具有简明扼要、条理清晰、深入浅出、通俗易懂的特点。在内容的选择上，本教材注意面向大多数学生，既确保落实教学大纲的基本要求，又具有适当的弹性，能够适应学生进一步提高的要求，也给授课教师留有较大的选择和发挥空间。

本系列教材的使用对象主要为成人高等教育的专科学生，同时，本系列教材也可作为其他层次成人教育学生的参考书。

广东金融学院成人高等教育系列教材编委会

2008 年 5 月

第二版前言

《会计学基础习题集》（第二版）是在《会计学基础习题集》（第一版）的基础上修订完成的，主要的变化是：在第一版共十章的基础上增加了第九章“财产清查”，第一版的第九章、第十章在第二版中分别为第十章、第十一章。本次修订过程中，江金锁教授对第一版中的错误进行了修订，并撰写了第九章“财产清查”的习题，使得本书的内容更适于继续教育学院的师生教学使用。

由于编写时间仓促，编者水平有限，本书可能存在某些缺点或错误，希望读者批评指正，以便本书更臻于完善。

编者

2012 年 6 月

前　言

本书是《会计学基础》（岳龙教授主编，暨南大学出版社 2009 年出版）的配套教辅用书。为了帮助学生更好地学习教材中的基础知识、基本理论和实务操作技术，我们组织编写了这本与主教材配套的辅导书。

本习题集是由教学经验丰富的教师编写的。第一章、第二章由卢燕副教授执笔，第三章、第四章由陈见丽副教授执笔，第五章、第六章由江金锁副教授执笔，第七章、第九章、第十章由许剑娜讲师执笔，第八章由李超讲师执笔。江金锁副教授担任本书主编，负责全书的设计和总纂工作。

会计学是一门技术性很强的学科，为了掌握会计学知识，学生必须进行一定的会计学习题训练。相信本书的出版，可以帮助学生学好会计学基础，为日后深入学习会计专业知识打下坚实的基础。

由于编写时间仓促，编者水平有限，本书可能存在某些缺点或错误，希望读者批评指正。

编者

2009 年 8 月

目　录

第一章　总　论

第一部分　练习题

一、单项选择题

1. 会计在我国有悠久的发展历史，早在（　　）时期就设置了“司会”官职，首次出现了“会计”二字构词连用。

A. 西周　　B. 汉代　　C. 春秋　　D. 秦朝

2. 近代会计形成的标志是（　　）。

A. 单式记账法的产生　　B. 账簿的产生

C. 借贷复式记账法的形成　　D. 成本会计的产生

3. 会计的管理活动论认为（　　）。

A. 会计是一种经济管理活动

B. 会计是一个经济信息系统

C. 会计是一项管理经济的工具

D. 会计是以提供经济信息、提高经济效益为目的的一种管理活动

4. 会计的基本职能是（　　）。

A. 反映与分析　　B. 核算与监督

C. 反映与核算　　D. 控制与监督

5. 会计的核算职能不具有（　　）。

A. 连续性　　B. 主观性　　C. 系统性　　D. 完整性

6. 会计对各单位经济活动进行核算时，选作统一计量标准的是（　　）。

A. 劳动量度　　B. 货币量度　　C. 实物量度　　D. 其他量度

7. 确定会计核算工作空间范围的前提条件是（　　）。

A. 会计主体　　B. 持续经营　　C. 会计分期　　D. 货币计量

8. 强调经营成果计算的企业适合采用（　　）。

A. 收付实现制　　B. 权责发生制

C. 永续盘存制　　D. 实地盘存制

9. 按照收付实现制的要求，确定各项收入和费用归属期的标准是（　　）。

A. 实际发生的业务　　B. 实际收付的业务

C. 实际款项的收付　　D. 实际的经营成果

10. 企业的会计期间是（　　）。

A. 自然形成的　　B. 人为划分的

C. 一个周转过程　　D. 营业年度

11. 会计的最终目标是为（　　）提供对他们决策有用的信息。

A. 会计信息使用者　　B. 股东

C. 债权人　　D. 政府部门

12. 进行会计核算提供的信息应当以实际发生的经济业务为依据，如实反映财务状况和经营成果，这符合（　　）。

A. 历史成本原则　　B. 配比原则

C. 可靠性原则　　D. 可比性原则

13. 各企业单位处理会计业务的方法和程序在不同会计期间要保持前后一致，不得随意变更，这符合（　　）。

A. 相关性原则　　B. 可比性原则

C. 明晰性原则　　D. 重要性原则

14. 尽可能少计资产与收益、多计负债与费用，这一做法体现的原则是（　　）。

A. 配比原则　　B. 重要性原则

C. 谨慎性原则　　D. 客观性原则

二、多项选择题

1. 下列说法正确的是（　　）。

A. 会计是适应生产活动发展的需要而产生的

B. 会计是生产活动发展到一定阶段的产物

C. 会计从产生、发展到现在经历了一个漫长的发展历史

D. 1494年意大利人卢卡·帕乔利所著《算术、几何、比及比例概要》是借贷复式记账法形成的重要标志

E. 借贷复式记账法形成标志着近代会计的开端

2. 会计核算职能的特点是（　　）。

A. 具有客观性　　B. 具有完整性、连续性、系统性

C. 主要计量单位是货币　　D. 可以预测未来

E. 检查经济活动的合法性

3. 会计监督职能的显著特征有（　　）。

A. 既要对已经发生的经济活动进行事中监督、事后监督，又要对未来经济活动进行事前监督

B. 主要利用价值指标来进行货币监督

C. 具有连续性、完整性和具体性

D. 是单位内部的监督

E. 是社会的监督

4. 下列属于保证会计信息质量要求的原则有（　　）。

A. 可靠性原则　　B. 可比性原则

C. 一贯性原则　　D. 谨慎性原则

E. 及时性原则

5. 会计核算的前提条件包括（　　）。

A. 会计主体　　B. 客观性原则

C. 持续经营　　D. 会计分期

E. 货币计量

6. 会计主体应具备的条件是（　　）。

A. 必须为法人单位

B. 具有一定数量的经济资源

C. 独立地从事生产经营活动或其他活动

D. 实行独立核算

E. 盈利企业

7. 会计的监督包括（　　）。

A. 事前监督　　B. 事中监督

C. 外部监督　　D. 事后监督

E. 上级监督

8. 可比性原则强调的一致是指（　　）。

A. 会计处理方法一致　　B. 企业前后期一致

C. 会计指标计算口径一致　　D. 横向企业间一致

E. 收入和费用一致

9. 根据谨慎性原则的要求，对企业可能发生的损失和费用，作出合理预计，通常的做法有（　　）。

A. 对应收账款计提坏账准备

B. 固定资产加速折旧

C. 对财产物资按历史成本计价

D. 对长期投资提取减值准备

10. 按权责发生制原则要求，下列收入或费用应归属本期的是（　　）。

A. 对方暂欠的本期销售产品的收入

B. 预付明年的保险费

C. 本月收回的上月销售产品的货款

D. 尚未支付的本月借款利息

E. 摊销前期已付款的报刊费

三、判断题

1. 会计主体是指企业法人。 ( )

2. 会计计量单位只有一种，即货币计量。 ( )

3. 我国所有企业的会计核算都必须以人民币作为记账本位币。 ( )

4. 谨慎性原则要求会计核算工作中做到不夸大企业资产、不虚增企业费用。 ( )

5. 会计核算必须以实际发生的经济业务及证明经济业务发生的合法性凭证为依据，表明会计核算应当遵循可靠性原则。 ( )

6. 企业选择一种不导致虚增资产、多计利润的做法，所遵循的是会计的客观性原则。 ( )

7. 会计可反映过去已经发生的经济活动，也可反映未来可能发生的经济活动。 ( )

8. 会计核算具有连续性，而会计监督只具有强制性。 ( )

9. 实质重于形式原则要求应当按照经济业务的法律实质进行会计核算。 ( )

10. 会计核算的基本前提也称会计假设。 ( )

四、案例题

投资股票，你依据什么？

案例内容：

在某大学任教的王毅教授暑假期间遇到4位活跃于股市的大学同学，这四位同学中，第一位是代理股票买卖的证券公司的经纪人；第二位受国家投资公司委托任某公司董事；第三位是个人投资者；最后一位是某报经济栏目的记者。

他们在聚会时，都一起谈论关于股票投资的话题，当讨论到如何在股市中操作时，四位同学都发表了自己的意见。他们的答案分别是：

1. 经纪人：随大流。

2. 董事：跟着感觉走。

3. 个人投资者：关键是获取各种信息，至于财务信息是否重要很难说。

4. 记者：至关重要的是掌握公司财务信息。

回到学校，王毅教授将四个同学的答案告诉了同学们。

案例要求：

假如你是其中的听者，试问你支持哪种见解？为什么？

第二部分　参考答案

一、单项选择题

1. A　2. C　3. A　4. B　5. B　6. B　7. A　8. B　9. C　10. B　11. A　12. C
13. B　14. C

二、多项选择题

1. ABCDE　2. ABC　3. ABD　4. ABDE　5. ACDE　6. BCD　7. ABD
8. ABCD　9. ABD　10. ADE

三、判断题

1. ×　2. ×　3. ×　4. ×　5. √　6. ×　7. ×　8. ×　9. ×　10. √

四、案例题

(答案略)

第二章　会计对象与会计要素

第一部分　练习题

一、单项选择题

1. 企业的原材料属于会计要素中的（　　）。

A. 资产　　B. 负债

C. 所有者权益　　D. 权益

2. 资产是企业拥有或控制的资源，该资源预期会给企业带来（　　）。

A. 经济利益　　B. 经济资源

C. 经济效果　　D. 经济效益

3. 所有者权益是企业所有者在企业资产中享有的经济利益，在数量上等于（　　）。

A. 全部资产减去全部所有者权益　　B. 全部资产减去流动负债

C. 企业的新增利润　　D. 全部资产减去全部负债

4. 负债和所有者权益都是（　　）的重要组成部分。

A. 权益　　B. 利润

C. 债权人权益　　D. 长期负债

5. 构成企业所有者权益主体的是（　　）。

A. 资本公积金　　B. 实收资本

C. 未分配利润　　D. 盈余公积金

6. 经济业务发生仅涉及资产这一会计要素时，只引起该要素中某些项目发生（　　）变动。

A. 同增　　B. 同减

C. 一增一减　　D. 不增不减

7. 引起资产和权益同时增加的业务有（　　）。

A. 从银行提取现金　　B. 从银行借款存入银行

C. 用银行存款上缴税款　　D. 用银行存款支付前欠购货款

8. 企业所拥有的资产从财产权利归属来看，一部分属于投资者，另一部分属于（　　）。

A. 企业职工　　B. 债权人

C. 债务人　　D. 企业法人

9. 一个企业的资产总额与权益总额（　　）。

A. 有时相等　　B. 不会相等

C. 只有在期末时相等　　D. 必然相等

10. 一个企业的资产总额与所有者权益总额（　　）。

A. 有时相等　　B. 不会相等

C. 只有在期末时相等　　D. 必然相等

11. 某企业刚刚建立时，权益总额为80万元，现发生一笔以银行存款10万元偿还银行借款的经济业务，此时，该企业的资产总额为（　　）。

A. 80万元　　B. 90万元

C. 100万元　　D. 70万元

12. 以下各项目中属于资产的有（　　）。

A. 短期借款　　B. 存货

C. 实收资本　　D. 应付股利

13. 对会计对象的具体划分称为（　　）。

A. 会计科目　　B. 会计原则

C. 会计要素　　D. 会计方法

14. 某企业资产总额为150万元，当发生下列两笔经济业务后：①向银行借款10万元存入银行；②用银行存款偿还应付账款15万元，其权益总计为（　　）。

A. 145万元　　B. 175万元

C. 155万元　　D. 125万元

15. 按我国会计要素的内涵划分，营业外支出归属的会计要素是（　　）。

A. 收入　　B. 费用

C. 所有者权益　　D. 利润

16. 企业收入的发生往往会引起（　　）。

A. 负债增加　　B. 资产减少

C. 资产增加　　D. 所有者权益减少

17. 下列引起所有者权益总额增加的情况是（　　）。

A. 资产与负债同增　　B. 资产与负债同减

C. 资产增加，负债减少　　D. 资产减少，负债增加

18. 某企业本期期初资产总额为100 000元，本期期末负债总额比期初减少10 000元，所有者权益比期初增加30 000元。该企业期末资产总额是（　　）。

A. 90 000元　　B. 130 000元
C. 100 000元　　D. 120 000元

19. 引起资产内部一个项目增加，另一个项目减少，而资产总额不变的经济业务是（　　）。

A. 收到外单位前欠货款　　B. 收到国家拨入特准储备物资
C. 用银行存款偿还短期借款　　D. 收到投资者投入的机器一台

20. 引起资产和权益同时减少的业务是（　　）。

A. 购买材料货款暂未支付　　B. 工资计入产品成本但暂未支付
C. 用银行存款偿还应付账款　　D. 向银行借款直接偿还应付账款

21. 流动资产是指其变现或耗用期在（　　）的资产。

A. 一年以内
B. 一个营业周期内
C. 一年内或超过一年的一个营业周期内
D. 超过一年的一个营业周期

22. 下列引起资产和负债同时增加的经济业务是（　　）。

A. 将现金存入银行　　B. 购进材料一批，货款暂欠
C. 以银行存款偿还银行借款　　D. 以银行借款偿还应付账款

23. 下列费用在制造成本法下，不应计入产品成本，而作为期间费用的是(　　)。

A. 直接材料费用　　B. 直接人工费用
C. 车间间接费用　　D. 厂部企业管理部门的费用

24. 企业向银行借入短期借款，用来归还应付账款，引起该企业（　）。

A. 资产项目和权益项目同金额增加
B. 资产项目和权益项目同金额减少
C. 资产项目之间有增有减，增减金额相等
D. 权益项目之间有增有减，增减金额相等

二、多项选择题

1. 根据我国《企业会计准则》的规定，会计要素包括（　　）。

A. 资产和费用　　B. 负债和收入
C. 资金占用和资金来源　　D. 利润和所有者权益
E. 会计科目和账户

2. 资产的确认应满足的条件有（　　）。

A. 必须是能为企业提供未来经济利益的经济资源
B. 必须是企业拥有或者控制的

C. 必须是具有实物形态的
D. 必须是企业拥有和控制的
E. 必须是过去的交易或事项形成的
3. 企业的长期资产包括（　）。
A. 存货　　B. 长期投资
C. 待摊费用　　D. 无形资产
E. 货币资金
4. 企业的投入资本是（　）。
A. 企业所有者权益构成的主体
B. 投资者实际投入企业经营活动的各种财产物资和货币资金
C. 企业注册成立的基本条件之一
D. 企业投资人对企业净资产的所有权
E. 企业正常运作必需的资金和承担民事责任的财力保证
5. 资产按其流动性可分为（　）。
A. 长期投资　　B. 流动资产
C. 无形资产　　D. 固定资产
E. 其他资产
6. 收入的特征是（　）。
A. 会引起新资产的取得或债务的清偿
B. 所有的货币资产的流入都是收入
C. 并非所有的货币资产流入都是收入
D. 会引起所有者权益的增加
7. 会计要素划分的意义在于（　）。
A. 会计要素的划分在会计核算中具有重要作用
B. 会计要素是对会计对象进行的科学分类
C. 会计要素是设置会计科目的基本依据
D. 会计要素是复式记账建立的理论依据
E. 会计要素构成了会计报表的基本框架
8. 资产=负债+所有者权益是（　）。
A. 设置账户的理论依据
B. 总分类账户和明细分类账户平行登记的理论依据
C. 复式记账的理论依据
D. 反映企业资产归属关系的等式
E. 编制资产负债表的理论依据

9. 下列经济业务，属于资产和权益同时减少的是（　　）。

A. 售出固定资产　　B. 上缴税款

C. 销售产品，货款未收　　D. 用银行存款归还银行借款

E. 用银行存款归还应付账款

10. 一个企业的资产总额与权益总额是相等的，这是因为（　　）。

A. 资产和权益是同一资金的两个侧面

B. 任何资产都有它相应的权益

C. 任何权益都能形成相应的资产

D. 某一具体资产项目的增加，总是同另一具体权益项目的增加同时发生

E. 权益方某一具体项目增加与另一具体项目减少，不影响资产总额与权益总额的变动

11. 下列资产项目与权益项目之间的变动符合资金运动规律的有（　　）。

A. 资产某项目增加与权益某项目减少

B. 资产某项目减少与权益某项目增加

C. 资产方某项目增加而另一项目减少

D. 权益方某项目增加而另一项目减少

E. 资产方某项目与权益方某项目同等数额的同时增加或同时减少

12. 下列项目中，属于所有者权益的有（　　）。

A. 预提费用　　B. 未分配利润

C. 无形资产　　D. 盈余公积金

E. 实收资本

13. 下列业务中引起所有者权益增加的有（　　）。

A. 以银行存款投资办公司　　B. 公司所有者给公司投入设备

C. 公司所有者代公司偿还欠款　　D. 提取现金

E. 以银行存款购买设备

14. 广义的权益概念包括（　　）。

A. 资产　　B. 负债

C. 费用　　D. 收入

E. 所有者权益

15. 企业拥有或控制的非流动资产是（　　）。

A. 存货　　B. 长期投资

C. 固定资产　　D. 无形资产

E. 运输设备

16. 引起资产与负债及所有者权益同时增加的经济业务有（　　）。

A. 把投资者投入的资本存入银行

B. 向银行取得短期借款存入银行

C. 计入产品成本但尚未支付的工人工资

D. 已经预提但尚未支付的费用

E. 尚未支付已入库原材料的货款

三、判断题

1. 不能给企业未来带来预期经济利益的资源不能作为企业资产。（　）
2. 资产和权益在金额上始终是相等的。（　）
3. 任何流入企业的资产都可以定义为企业的收入。（　）
4. 所有经济业务的发生，都会引起会计等式两边发生变化。（　）
5. 任何经济业务发生都不会破坏会计等式的平衡关系。（　）

四、业务分析题

习题一

目的：练习对会计要素进行分类，并熟练掌握它们之间的关系。

资料：

某企业2012年某月末各项目余额如下：

1. 银行里的存款120 000元；
2. 投资者投入资本7 000 000元；
3. 向银行借入两年期的借款600 000元；
4. 出纳处存放现金1 500元；
5. 向银行借入半年期的借款500 000元；
6. 仓库里存放的原材料519 000元；
7. 应付外单位货款80 000元；
8. 机器设备价值2 500 000元；
9. 房屋及建筑物价值420 000元；
10. 仓库里存放的产成品194 000元；
11. 应收外单位货款100 000元；
12. 以前年度尚未分配的利润750 000元；
13. 正在加工的产品75 500元；
14. 对外长期投资5 000 000元。

要求：

1. 判断上列资料中各项目的类别（资产、负债、所有者权益），并将各项目金额填入下表。

2. 计算表内资产总额、负债总额、所有者权益总额，并检验是否符合会计基本等式。

项目	金额		
	资产	负债	所有者权益
合计			

习题二

目的：熟练掌握会计等式。

资料：

万达公司2011年期初及期末的资产总额及负债总额如下：

	期初	期末
资产	800 000元	900 000元
负债	200 000元	100 000元

要求：

根据下列三种情况，分别计算该公司本年度的有关数据：

1. 本年度股东投资不变，销售费用为150 000元，试问本年度利润和营业收入各是多少？

2. 年度中增加投资40 000元，利润是多少？

3. 年度中曾收回投资20 000元，但又增加投资30 000元，其利润是多少？

习题三

目的：练习经济业务的类型。

资料及要求：

各举一例说明下列各类经济业务：

1. 资产增加，负债增加；
2. 资产增加，所有者权益增加；
3. 资产类项目此增彼减；
4. 资产减少，所有者权益减少；
5. 资产减少，负债减少；
6. 费用增加，负债增加；
7. 费用增加，资产减少；
8. 收入增加，资产增加；

9. 收入增加，负债减少。

（四）习题四

目的：练习会计要素之间的相互关系。

资料：

假设某企业2011年12月31日的资产、负债和所有者权益的状况如下表所示：

库存现金	金额	负债及所有者权益	金额
现金	1 000	短期借款	10 000
银行存款	27 000	应付账款	32 000
应收账款	35 000	未交税费	9 000
材料	52 000	长期借款	B
长期投资	A	实收资本	240 000
固定资产	200 000	资本公积	23 000
合计	375 000	合计	C

要求：

根据上表回答：

1. 表中应填的数据为：

A：　　　　　　　　　　B：　　　　　　　　　　C：

2. 计算该企业的流动资产总额。

3. 计算该企业的负债总额。

4. 计算该企业的净资产总额。

习题五

目的：练习与掌握经济业务的类型及其对会计等式的影响。

资料：

星海公司2012年3月31日的资产负债表显示资产总计375 000元，负债总计112 000元，该公司2012年4月份发生如下经济业务：

1. 用银行存款购入全新机器一台，价值30 000元；

2. 投资者投入原材料，价值10 000元；

3. 以银行存款偿还所欠供应单位账款5 000元；

4. 收到购货单位所欠账款8 000元，收存银行；

5. 将一笔长期负债50 000元转化为对企业的投资；

6. 按规定将20 000元资本公积金转增资本金。

要求：

1. 根据4月份发生的经济业务，分析说明引起会计要素情况的影响。

2. 计算4月份末星海公司的资产总额、负债总额和所有者权益总额。

五、案例题

案例一：企业如何衡量经营业绩

案例内容：

你的一位朋友是村里的一位杂货商，得知你正在学会计，向你寻求帮助。他想了解他的企业在年末经营状况如何，当年的经营业绩怎样。他将以下有关企业的信息提供给你：

有关会计事项	单位：人民币元
支付给雇工的工资	3 744
年末货车价值	4 800
销售成本	70 440
自付薪水	15 600
销售收入	110 820
年末商店和土地的价值	60 000
钱柜里和银行中的现金	2 100
杂项费用（包括电费、电话费等）	10 500
年末欠供应商的款项	2 400

从朋友处你还获知当年该地区的地产已经升值。但是，由于房屋经过一般修缮后又被损坏了，所以总的来说它的价值仍维持在一年前的相同水平上。另一方面，货车一年前价值6 000元，但是，现在经过一年的折旧，价值比以前减少了。

案例要求：

1. 评价该杂货商一年来的经营业绩。

2. 告诉该杂货商年末的财务状况。

3. 如果不计算折旧在内，该杂货商一年的净收益应是多少？

案例二：财富增长的“奥秘”

案例内容：

林祥是一所大学的会计学教授，尽管他教给学生大量的会计学知识，但他从来没有亲自实践过。于是，他选择了一年，对自己的收支、拥有财产的情况进行了详细的记录。

1月1日，林祥首先坐在书桌边列出了现有的财产及货币价值（单位：人民币元，下同）：

有关财产及债务	
一幢与他人相连的房屋	80 000
家具、家庭用品	8 000
一辆已用了3年的小汽车	24 000
银行往来账户	500
欠银行的借款	30 000

12月31日，林祥再次坐下来，总结他一年来所发生的财务交易：

有关事项	
收入	
每月工资（扣除个人所得税）	14 000
支出	
支付给银行的欠款（其中2 000元为利息）	5 000
电费、电话费、暖气费等	2 800
家务费	2 400
汽车日常费用	1 000
衣服、度假等	1 600
收支相抵后盈余	1 200

同时，林祥又将年末的财产重新列了一张表格：

有关财产及债务	
一幢与他人相连的房屋	92 000
家具、家庭用品	7 200
一辆已用了4年的小汽车	18 000
银行往来账户	1 700
欠银行的借款	27 000

从这些表格中可以看出，林祥一年来的财富有所增加，可是，财富是如何增加的呢？

案例要求：

假如你被林祥教授点中，要你为他分析，他的财富是否增加？若增加，是如何增加的呢？他希望你给他编制一张表来显示他一年来财富增加的情况。

第二部分 参考答案

一、单项选择题

1. A 2. A 3. D 4. A 5. B 6. C 7. B 8. B 9. D 10. A 11. D 12. B 13. C 14. A 15. D 16. C 17. C 18. D 19. A 20. C 21. C 22. B 23. D 24. D

二、多项选择题

1. ABD 2. ABE 3. BD 4. ABCE 5. BE 6. ACD 7. ABCE 8. ACDE 9. BDE 10. ABCDE 11. CDE 12. BDE 13. BC 14. BE 15. BCDE 16. ABCE

三、判断题

1. √ 2. √ 3. × 4. × 5. √

四、业务分析题

习题一

（单位：元）

项目	金额		
	资产	负债	所有者权益
1. 银行里的存款120 000元	120 000		
2. 投资者投入资本7 000 000元			7 000 000
3. 向银行借入两年期的借款600 000元		600 000	
4. 出纳处存放现金1 500元	1 500		
5. 向银行借入半年期的借款500 000元		500 000	
6. 仓库里存放的原材料519 000元	519 000		
7. 应付外单位货款80 000元		80 000	
8. 机器设备价值2 500 000元	2 500 000		
9. 房屋及建筑物价值420 000元	420 000		
10. 仓库里存放的产成品194 000元	194 000		
11. 应收外单位货款100 000元	100 000		
12. 以前年度尚未分配的利润750 000元			750 000
13. 正在加工中的产品75 500元	75 500		
14. 对外长期投资5 000 000元	5 000 000		
合计	8 930 000	1 180 000	7 750 000

资产8 930 000=负债1 180 000+所有者权益7 750 000。

习题二

1. 本年利润=期末所有者权益−期初所有者权益−新增净投资

=（900 000−100 000）−（800 000−200 000）−0

= 200 000（元）

营业收入=本年利润+销售费用

=200 000+150 000

=350 000（元）

2. 本年利润=（900 000−100 000）−（800 000−200 000）−40 000

=160 000（元）

3. 本年利润=（900 000−100 000）−（800 000−200 000）−（30 000−20 000）

=190 000（元）

习题三

1. 向银行借款存入银行；

2. 接受投资者投入资金；

3. 把库存现金存入银行；
4. 投资者撤回投资额；
5. 用银行存款归还银行借款；
6. 发生广告费，款项暂未支付；
7. 摊销应由本月负担的保险费；
8. 销售商品一批，收到现金；
9. 销售已预收货款的产品。

说明：以上答案仅供参考，并非唯一正确答案。

习题四

1. A. 60 000　B. 61 000　C. 375 000
2. 流动资产总额=1 000+27 000+35 000+52 000=115 000
3. 负债总额=10 000+32 000+9 000+61 000=112 000
4. 净资产总额=375 000−112 000=263 000
　　或=240 000+23 000=263 000

习题五

首先分析经济业务对会计要素的影响，见下表：

会计要素项目及数量关系	资产375 000	负债112 000	所有者权益263 000
(1)	固定资产+30 000 银行存款−30 000		
(2)	原材料+10 000		实收资本+10 000
(3)	银行存款−5 000	应付账款−5 000	
(4)	银行存款+8 000 应收账款−8 000		
(5)		长期借款−50 000	实收资本+50 000
(6)			实收资本+20 000 资本公积−20 000
期末金额	380 000	57 000	323 000

从上表中可以看出，4月末该公司的资产总额为380 000元，负债总额为57 000元，所有者权益总额为323 000元。

五、案例题

(答案略)

第三章　会计方法和循环

第一部分　练习题

一、单项选择题

1. 确认资产的核心标准是该资源（　　）。

A. 过去的交易、事项形成　　B. 由企业拥有

C. 由企业控制　　D. 预期会给企业带来经济利益

2. 如果一项支出已经发生，但在本会计期间及以后的会计期间，由这项支出带来的未来经济利益都不会流入企业或流入企业的确定程度不足，那么应将该项支出确认为（　　）。

A. 资产　　B. 负债

C. 费用　　D. 损失

3. 下列选项中，符合资产定义的是（　　）。

A. 经营租赁的设备　　B. 计划购买的材料

C. 购入的某项设备　　D. 短缺的现金

4. 收入的确认中不包括（　　）。

A. 商品销售收入　　B. 营业外收入

C. 让渡资产使用权获得的收入　　D. 提供劳务收入

5. 企业收到购货方交来的预付款项时，应属于（　　）。

A. 收入的增加　　B. 收入的减少

C. 负债的增加　　D. 负债的减少

6. 资产和负债按照在公平交易中，熟悉情况的交易双方自愿进行资产交换或者债务清偿的金额计量，其会计计量属性是（　　）。

A. 现值　　B. 可变现净值

C. 历史成本　　D. 公允价值

7. 资产按购置时所付出对价的公允价值计量，其会计计量属性是（　　）。

A. 重置成本　　B. 历史成本

C. 现值　　D. 公允价值

8. 我国《企业会计准则》规定，企业在对会计要素进行计量时，一般应当

采用（ ）。

A. 历史成本计量属性
B. 可变现净值计量属性
C. 重置成本计量属性
D. 公允价值计量属性

9. 下列选项中，不属于会计记录方法的是（ ）。

A. 设置会计科目和账户
B. 复式记账
C. 成本计算
D. 编制财务报告

10. 下列项目中，属于会计确认内容的有（ ）。

A. 确认企业购买的商品列入固定资产还是流动资产
B. 确定购入商品的实际成本
C. 确定本期完工产品的成本
D. 确定期末购入商品在资产负债表中列示的金额

二、多项选择题

1. 在会计确认中，某交易、事项是否确认的标准包括（ ）。

A. 可定义性
B. 可计量性
C. 及时性
D. 相关性
E. 可靠性

2. 在资产的具体确认中，判断的标准包括（ ）。

A. 应符合资产的定义
B. 与该资源有关的经济利益很可能流入企业
C. 与该资源有关的经济利益已经流入企业
D. 该资源的成本或价值能够准确地加以计量
E. 该资源的成本或价值能够可靠地加以计量

3. 在负债的具体确认中，判断的标准包括（ ）。

A. 符合负债的定义
B. 有准确的金额
C. 有准确的归还期限
D. 与该义务有关的经济利益很可能流出企业
E. 未来流出的经济利益的金额能可靠地加以计量

4. 在费用的具体确认中，判断的标准包括（ ）。

A. 款项已实际支付
B. 与费用相关的经济利益应当很可能流出企业
C. 经济利益流出的结果会导致和具体表现为资产减少或负债增加
D. 经济利益流出额能够可靠地计量
E. 有准确的金额

5. 利润的确认标准为（　）。

A. 收入的确认标准　　B. 费用的确认标准

C. 所有者权益的确认标准　　D. 利得的确认标准

E. 损失的确认标准

6. 下列项目中，属于会计计量内容的有（　）。

A. 确认某一劳动手段列入固定资产还是流动资产

B. 确定购入固定资产的实际成本

C. 确定本期应该提取固定资产的折旧额

D. 确定期末固定资产的减值准备

E. 确定期末在资产负债表中列示的金额

7. 根据基本会计准则的规定，会计计量属性主要包括（　）。

A. 历史成本　　B. 重置成本

C. 可变现净值　　D. 现值

E. 公允价值

8. 历史成本计量属性的优点有（　）。

A. 交易确定的金额比较客观　　B. 存货成本接近市价

C. 有原始凭证作证明可随时查证　　D. 可防止企业随意改动

E. 会计核算手续简便，不必经常调整账目

9. 会计记录的文字应当（　）。

A. 是当地通用的一种民族文字

B. 使用中文

C. 使用中文同时使用当地通用的一种民族文字

D. 使用中文同时使用一种外国文字

E. 使用一种外国文字

10. 会计确认与会计计量的关系是（　）。

A. 会计确认与会计计量实际上总是不可分割地联系在一起的

B. 会计确认是会计计量的前提

C. 会计计量是会计确认的条件

D. 会计确认主要解决会计核算中的定性问题

E. 会计计量主要解决会计核算中的定量问题

三、判断题

1. 预付给某企业的账款属于一项负债。　（　）

2. 能为企业带来未来的经济利益，但若不能为企业所拥有或控制的资源也不能算作资产。　（　）

3. 在生产经营过程中形成的应付职工薪酬不能视为企业负债。（ ）

4. 收入是从企业的日常活动中产生，而不是从偶发的交易或事项中产生的，因此，对于机床制造企业出售其生产的机床不能算作收入。（ ）

5. 会计确认主要解决会计核算中的定量问题，会计计量主要解决会计核算中的定性问题。（ ）

6. 公允价值计量属性是建立在币值稳定基础之上的，在物价变动的情况下，不能真实地反映会计要素的实际价值。（ ）

7. 基本准则规定，企业在对会计要素进行计量时，一般应当采用历史成本。（ ）

8. 填制和审核凭证包括对原始凭证的填制与审核和记账凭证的填制与审核。（ ）

9. 在会计记录文字上可以并用中文和其他通用文字。（ ）

10. 在会计循环的基本步骤中，记账、过账、结账、编制正式的财务报告的顺序是不能颠倒的。（ ）

第二部分 参考答案

一、单项选择题

1.D 2.C 3.C 4.B 5.C 6.D 7.B 8.A 9.D 10.A

二、多项选择题

1. ABDE 2. ABE 3. ADE 4. BCD 5. ABDE
6. BCDE 7. ABCDE 8. ACDE 9. BCD 10. ABCDE

三、判断题

1. × 2. √ 3. × 4. × 5. × 6. × 7. √ 8. √ 9. √ 10. √

第四章　会计科目和账户

第一部分　练习题

一、单项选择题

1. 会计科目是（　　）。

A. 会计要素的名称　　B. 报表的项目

C. 账户的名称　　D. 账簿的名称

2. 会计科目是对（　　）的具体内容进行分类核算的项目。

A. 会计对象　　B. 会计账户

C. 会计分录　　D. 交易或事项

3. 以下各项目属于会计科目的有（　　）。

A. 应收购货单位款项　　B. 应付销货单位款项

C. 投入资本　　D. 在途物资

4. 会计对象的具体划分是（　　）。

A. 会计科目　　B. 会计原则

C. 会计要素　　D. 会计账户

5. 账户是根据（　　）开设的。

A. 会计准则　　B. 会计科目

C. 会计制度的规定　　D. 会计报表

6. 账户的基本结构是分为（　　）。

A. 上下两部分　　B. 左右两部分

C. 前后两部分　　D. 发生额、余额两部分

7. 账户的余额一般与（　　）在一方。

A. 增加额　　B. 减少额

C. 金额　　D. 发生额

8. 以下各账户属于费用账户的是（　　）。

A. 短期借款　　B. 财务费用

C. 应付利息　　D. 应收利息

9. 经济业务发生仅涉及资产这一会计要素时，只引起该要素中某些项目发

生（　）变动。

A. 同增　　B. 同减

C. 一增一减　　D. 不增不减

10. 引起资产和权益同时增加的业务有（　）。

A. 从银行提取现金　　B. 从银行借款存入银行

C. 用银行存款上缴税费　　D. 用银行存款支付前欠购货款

11. 以银行存款交纳所得税将会引起（　）。

A. 一项资产减少，一项费用增加

B. 一项资产减少，一项负债减少

C. 一项资产减少，一项所有者权益减少

D. 一项资产减少，一项资产增加

12. 某企业资产总额为200万元，当实现一笔销售收入12万元后，收到2万元存入银行，其余10万元冲销预收账款，其资产总额为（　）。

A. 212万元　　B. 200万元

C. 188万元　　D. 202万元

二、多项选择题

1. 设置会计科目的原则是（　）。

A. 要能全面、系统地反映会计要素的特点和内容

B. 既要适应经济业务发展需要，又要保持相对稳定

C. 要能满足外部会计信息使用者的需求

D. 统一性和灵活性相结合

E. 要简明、适用

2. 下列项目中，属于会计科目的有（　）。

A. 固定资产原值　　B. 固定资产

C. 累计折旧　　D. 固定资产净值

E. 固定资产清理

3. 科目按反映的内容分类，可分为（　）。

A. 资产类会计科目　　B. 负债类会计科目

C. 所有者权益类会计科目　　D. 成本类会计科目

E. 损益类会计科目

4. 会计科目按照其提供指标的详细程度，可以分为（　）。

A. 资产类会计科目　　B. 负债类会计科目

C. 总分类会计科目　　D. 二级科目

E. 明细分类科目

5. 下列属于负债类会计科目的有（　　）。

A. 累计折旧　　B. 预付账款
C. 预收账款　　D. 待处理财产损益
E. 应付账款

6. 账户一般应包括（　　）内容。

A. 账户名称　　B. 日期
C. 摘要　　D. 凭证号数
E. 增加或减少金额

7. 账户中各项金额的关系可用（　　）表示。

A. 本期期末余额=期初余额+本期增加发生额-本期减少发生额
B. 本期期末余额+本期减少发生额=期初余额+本期增加发生额
C. 本期期末余额-本期减少发生额=期初余额+本期增加发生额
D. 本期期末余额=本期增加发生额+本期减少发生额
E. 本期期末余额=本期期初余额

8. 账户按反映的经济内容分类可分为（　　）。

A. 资产类账户　　B. 负债类账户
C. 所有者权益类账户　　D. 成本类账户
E. 损益类账户

9. 按照账户提供信息的详细程度分为（　　）。

A. 资产类账户　　B. 负债类账户
C. 总分类账户　　D. 二级账户
E. 明细分类账户

10. 下列各项中，属于资产的有（　　）。

A. 预收账款　　B. 应收利息
C. 应付利息　　D. 应收票据
E. 存货

11. 下列各项中，反映流动负债的账户有（　　）。

A. 应交税费　　B. 应付债券
C. 应付利息　　D. 预付账款
E. 预收账款

12. 下列各项中，反映所有者权益的账户有（　　）。

A. 银行存款　　B. 本年利润
C. 利润分配　　D. 盈余公积
E. 长期借款

13. 下列各项目中，属于损益类会计科目的有（　）。

A. 长期待摊费用　　B. 制造费用

C. 所得税费用　　D. 营业外收入

E. 营业外支出

14. 下列交易或事项中引起资产此增彼减的有（　）。

A. 收回应收账款　　B. 预付账款退回

C. 以银行存款交纳所得税　　D. 收到预购定金

E. 收到投资款

三、判断题

1. 会计科目就是账户的名称。（　）

2. 会计科目的设置可以随社会经济环境的变化和本单位业务发展的需要经常变动。（　）

3. 设置会计科目应遵循统一性和灵活性相结合的原则。（　）

4. 总分类科目主要是为企业内部管理服务。（　）

5. 明细分类科目基本上能满足企业外部信息使用者的需要。（　）

6. 总分类科目包括二级科目和三级科目。（　）

7. 账户按提供资料的详细程度不同可分为总账账户和明细账户两种。（　）

8. 总分类账户是所属明细分类账户的统驭账户，对所属明细账户起着控制作用；而明细分类账户则是某一总分类账户的从属账户，对其隶属的总分类账户起着辅助作用。（　）

9. 企业购入材料而货款未付，其资产与负债会同时减少。（　）

10. 账户上期期末的余额转入本期即为本期的期初余额。（　）

四、计算题

习题一

华联股份有限公司2011年12月31日的资产、负债和所有者权益的情况如下表所示：

资产	金额	负债及所有者权益	金额
库存现金	3 000	短期借款	15 000
银行存款	30 000	应付账款	37 000
应收账款	50 000	应交税费	8 000
原材料	57 000	长期借款	150 000
库存商品	A	实收资本	B
固定资产	200 000	资本公积	5 000
无形资产	10 000	盈余公积	18 000
合计	460 000	合计	C

要求：

1. 计算表中的A、B、C。

2. 计算该公司的流动资产总额。

3. 计算该公司的流动负债总额。

4. 计算该公司的净资产。

习题二

华联股份有限公司2012年1月末的资产和权益总额均为8 000 000元，2月份发生下列经济业务：

1. 从银行提取现金3 000元，以备日常支出；

2. 以银行存款归还短期借款100 000元；

3. 以银行存款预付货款20 000元；

4. 购买原材料500 000元，款项未付；

5. 以银行存款购买设备一套，价值1 000 000元；

6. 收到投资者投入款项3 000 000元存入银行。

要求：逐项说明上述经济业务对企业资产与权益总额有无影响，如有影响，说明影响的方向和金额。

习题三

华联股份有限公司2012年3月末各项目余额如下：

1. 银行里的存款120 000元；

2. 投资者投入资本7 000 000元；

3. 向银行借入两年期的借款600 000元；

4. 出纳处存放库存现金1 500元；

5. 向银行借入半年期的借款500 000元；

6. 仓库里存放的原材料519 000元；

7. 应付外单位货款80 000元；

8. 机器设备价值2 500 000元；

9. 房屋及建筑物价值420 000元；

10. 仓库里存放的产成品194 000元；

11. 应收外单位货款100 000元；

12. 以前年度尚未分配的利润750 000元；

13. 正在加工的产品75 500元；

14. 对外长期投资5 000 000元。

要求：

1. 判断上列资料中各项目的类别（资产、负债、所有者权益），并将各项目金额填入下表。

项目序号	金额		
	资产	负债	所有者权益
合计			

2. 计算表内资产总额、负债总额、所有者权益总额，并检验是否符合会计基本等式。

五、业务分析题

习题一

华联股份有限公司在日常会计处理过程中，经常使用以下会计科目：

银行存款	实收资本	在途物资	原材料	制造费用
应付账款	应收账款	生产成本	库存商品	主营业务收入
主营业务成本	短期借款	固定资产	累计折旧	库存现金
财务费用	利润分配	盈余公积	销售费用	管理费用

要求：请将上列会计科目分别归于某一类。

习题二

指出下列会计科目中，哪些属于总分类科目，哪些属于二级科目，哪些属于三级科目。

轿车	固定资产	燃油	机器设备	运输工具
汇兑损益	应交税费	主要材料	一车间	辅助材料
甲材料	A产品	货车	二车间	制造费用
利息	应交增值税	库存商品	应交消费税	原材料
销项税额	B产品	财务费用	水电费	机床
乙材料	折旧费			

第二部分　参考答案

一、单项选择题

1.C　2.A　3.D　4.A　5.B　6.D　7.A　8.B　9.C　10.B　11.B　12.D

二、多项选择题

1.ABCDE　2.BCE　3.ABCDE　4.CE　5.CE　6.ABCDE　7.AB
8.ABCDE　9.CE　10.BDE　11.ACE　12.BCD　13.CDE　14.AB

三、判断题

1.√　2.×　3.√　4.×　5.×　6.×　7.√　8.√　9.×　10.√

四、计算题

习题一

1. A：110 000　　B：227 000　　C：460 000

2. 该公司的流动资产总额：250 000。

3. 该公司的流动负债总额：60 000。

4. 该公司的净资产：250 000。

习题二

1. 从银行提取现金3 000元，则一项资产（库存现金）增加3 000元，而另一项资产（银行存款）减少3 000元，资产总额不受影响。

2. 以银行存款归还短期借款100 000元，则资产（银行存款）减少100 000元，同时负债（短期借款）减少100 000元，即资产与权益同时减少100 000元。

3. 以银行存款预付货款20 000元，则一项资产（银行存款）减少20 000元，而另一项资产（预付账款）增加20 000元，资产总额不受影响。

4. 购买原材料500 000元，款项未付，则资产（原材料）增加500 000元，同时负债（应付账款）增加500 000元，即资产与权益同时增加500 000元。

5. 以银行存款购买设备一套，价值1 000 000元，则一项资产（固定资产）增加1 000 000元，而另一项资产（银行存款）减少1 000 000元，资产总额不受影响。

6. 收到投资者投入款项3 000 000元存入银行，则资产（银行存款）增加3 000 000元，同时所有者权益（实收资本）增加3 000 000元，即资产与权益同时增加3 000 000元。

习题三

项目序号	金额		
	资产	负债	所有者权益
1	120 000		
2			7 000 000
3		600 000	
4	1 500		
5		500 000	
6	519 000		
7		80 000	
8	2 500 000		
9	420 000		
10	194 000		
11	100 000		
12			750 000
13	75 500		
14	5 000 000		
合计	8 930 000	1 180 000	7 750 000

因8 930 000=1 180 000+7 750 000

所以，资产=负债+所有者权益，会计基本等式成立。

五、业务分析题

习题一

资产类科目：银行存款　在途物资　原材料　应收账款　库存商品
　　　　　　固定资产　累计折旧　库存现金

负债类科目：应付账款　短期借款

所有者权益类科目：实收资本　利润分配　盈余公积

成本类科目：制造费用　生产成本

损益类科目：主营业务收入　主营业务成本　财务费用　销售费用
　　　　　　管理费用

习题二

总分类科目	二级科目	三级科目
固定资产	运输工具	轿车
		货车
	机器设备	机床
原材料	主要材料	甲材料
		乙材料
	辅助材料	燃油
制造费用	一车间	水电费
	二车间	折旧费
财务费用	汇兑损益	利息
库存商品	A 产品	
	B 产品	
应交税费	应交增值税	进项税额
		销项税额
	应交消费税	

第五章　复式记账

第一部分　练习题

一、单项选择题

1. 复式记账法对每项经济业务都以相等的余额在（　　）中进行登记。

A. 一个账户　　B. 两个账户

C. 全部账户　　D. 两个或两个以上账户

2. 借贷记账法下，账户哪一方记增加，哪一方记减少，是根据（　　）。

A. 采用什么核算方法决定的

B. 采用什么记账形式决定的

C. 增加数记借方，减少数记贷方的规则所决定的

D. 账户所反映的经济内容决定的

3. 资产类账户的期末余额一般在（　　）。

A. 借方　　B. 借方或贷方

C. 贷方　　D. 借方和贷方

4. 收入或利润的余额在借方表示（　　）。

A. 资产的增加　　B. 所有者权益的增加

C. 资产的减少　　D. 所有者权益的减少

5. 在借贷记账法下，所有者权益账户的期末余额等于（　　）。

A. 期初贷方余额+本期贷方发生额–本期借方发生额

B. 期初借方余额+本期贷方发生额–本期借方发生额

C. 期初借方余额+本期借方发生额–本期贷方发生额

D. 期初贷方余额+本期借方发生额–本期贷方发生额

6. 借贷记账法的余额试算平衡公式是（　　）。

A. 每个账户借方发生额=每个账户贷方发生额

B. 全部账户本期借方发生额合计=全部账户本期贷方发生额合计

C. 全部账户期末借方余额合计=全部账户期末贷方余额合计

D. 每个账户期末借方余额=每个账户期末贷方余额

7. 下列分录为复合会计分录的是（　　）。

A. 一借一贷的分录　　B. 一贷一借的分录
C. 一借多贷的分录　　D. 按复式记账要求编制的分录

8. 对于双重性质账户的期末余额，下列说法中正确的是（　）。

A. 一定有借方余额
B. 一定有贷方余额
C. 一定没有余额
D. 可能为借方余额，也可能为贷方余额

9. 收到投资者投资，存入银行，根据借贷记账法编制会计分录时，贷方所涉及的账户是（　）。

A. 银行存款账户　　B. 实收资本账户
C. 长期资产账户　　D. 长期借款账户

10. 在借贷记账法下，为保持账户之间清晰的对应关系，不宜编制（　）的会计分录。

A. 一借一贷　　B. 多借一贷
C. 一借多贷　　D. 多借多贷

11. 存在对应关系的账户称为（　）。

A. 对应账户　　B. 平衡账户
C. 总分账户　　D. 联系账户

12. 资产账户的借方表示（　）。

A. 资产的增加　　B. 所有者权益的增加
C. 资产的减少　　D. 所有者权益的减少

13. 某一账户期初余额在贷方，期末余额在借方，表明（　）。

A. 该账户的性质未变
B. 该账户已从期初的资产变为期末的负债
C. 该账户从期初的负债变为期末的资产
D. 该账户既不属于资产类，也不属于负债类

14. 收益类账户的结构与所有者权益类账户的结构（　）。

A. 一致　　B. 无关
C. 相反　　D. 基本相同

15. 在编制“总分类账户发生额及余额试算平衡表”中，若出现三对平衡数字，则（　）。

A. 全部总账账户记录一定正确
B. 全部总账账户记录也不能认为肯定无错
C. 全部明细分类账户记录一定正确

D. 全部明细分类账户记录也不能认为肯定无错

二、多项选择题

1. 单式记账法在选择单方面记账时，重点考虑的是（　　）。

A. 现金方面发生的经济业务　　B. 银行存款方面发生的经济业务

C. 所有者权益方面发生的经济业务　　D. 债权、债务方面发生的经济业务

2. 复式记账法的优点是（　　）。

A. 账户对应关系清楚，能全面、清晰地反映经济业务的来龙去脉

B. 便于试算平衡，以检查账户记录是否正确

C. 能全面、系统地反映经济活动的过程和结果

D. 所记账户之间形成相互对应的关系

3. 在借贷记账法下，属于资产类账户的有（　　）。

A. 银行存款　　B. 实收资本

C. 原材料　　D. 制造费用

4. 在借贷记账法下，期末结账后，没有余额的账户有（　　）。

A. 资产类账户　　B. 收入类账户

C. 负债类账户　　D. 费用类账户

5. 借贷记账法下账户借方登记（　　）。

A. 资产增加　　B. 费用减少

C. 负债减少　　D. 收入、利润增加

6. 会计分录必须具备的要素包括（　　）。

A. 记账方向　　B. 记账手段

C. 记账科目　　D. 记账金额

7. 下列各项记账差错中，运用试算平衡法无法查出其错误的有（　　）。

A. 在过账时误将借方数额过入贷方

B. 一笔业务的记录全部被漏记

C. 一笔业务的记录借贷双方金额发生同样的错误

D. 某一账户借方或贷方本期发生额的计算有误

8. 复合会计分录是（　　）。

A. 由多个简单会计分录组成的　　B. 涉及两个以上账户的会计分录

C. 由两个对应账户组成　　D. 按复式记账原理编制的会计分录

9. 借贷记账法下账户贷方登记（　　）。

A. 收入、利润的增加　　B. 负债的减少

C. 费用的减少　　D. 所有者权益的增加

10. 编制会计分录时，必须考虑（　　）。

A. 经济业务发生涉及的会计要素是增加还是减少
B. 在账簿中登记借方还是贷方
C. 登记在哪些账户的借方或者贷方
D. 账户的余额是在借方还是在贷方

11. 在借贷记账法下，属于资产类账户的有（ ）。
A. 银行存款　　B. 实收资本
C. 交易性金融资产　　D. 制造费用

12. 在实际工作中，尽量不编多借多贷会计分录的理由有（ ）。
A. 账户对应关系不清楚　　B. 可能出现过账错误
C. 不便于了解经济业务内容　　D. 登记总账工作量大

13. 某企业生产产品领用材料6 000元，车间一般消耗领用材料3 000元，应记入下列（ ）账户的借方。
A. 原材料　　B. 管理费用
C. 生产成本　　D. 制造费用

14. 借贷记账法下账户贷方登记（ ）。
A. 资产的增加　　B. 负债的减少
C. 收入、利润的增加　　D. 所有者权益的增加

15. 在借贷记账法下，期末结账后，一般有余额的账户有（ ）。
A. 资产类账户　　B. 收入类账户
C. 负债类账户　　D. 费用类账户

三、计算题

华联股份有限公司2011年12月31日有关账户的资料如下：

账户名称	期初余额		本期发生额		期末余额	
	借方	贷方	借方	贷方	借方	贷方
库存商品	500 000		220 000	10 000	（ ）	
银行存款	70 000		（ ）	80 000	90 000	
应付账款		80 000	50 000	60 000		（ ）
短期借款		55 000	（ ）	10 000		30 000
应收账款	（ ）		30 000	50 000	20 000	
实收资本		350 000	——	（ ）		620 000
其他应收款		25 000	25 000	——		（ ）

要求：根据账户期初余额，本期发生额和期末余额的计算方法，填列上表中的空缺部分。

四、业务分析题

习题一

华联股份有限公司2012年7月初有关账户余额如下表所示：

（单位：元）

资产	金额	负债及所有者权益	金额
库存现金	1 500	短期借款	195 000
银行存款	45 000	应付账款	142 500
原材料	90 000	应交税费	9 000
应收账款	47 700	长期借款	186 000
库存商品	60 000	实收资本	304 200
生产成本	22 500	资本公积	140 000
长期股权投资	180 000	盈余公积	70 000
固定资产	600 000		
合计	1 046 700	合计	1 046 700

该公司7月份发生下列经济业务：

（1）购进机器设备一台，价值16 000元，以银行存款支付；

（2）以银行提取现金2 000元；

（3）投资者投入企业原材料一批，作价28 000元（不考虑增值税）；

（4）生产车间从仓库领用材料一批价值30 000元，投入生产；

（5）以银行存款23 500元，偿还应付供货单位货款；

（6）向银行取得长期借款100 000元，存入银行；

（7）以银行存款上缴所得税6 000元；

（8）预收销货款存入银行，计25 000元；

（9）收到购货单位前欠货款18 000元，其中15 000元存入银行，其余部分收到现金；

（10）以银行存款38 000元，归还银行短期借款20 000元和应付购货单位账款18 000元。

要求：

1. 根据以上资料编制会计分录。

2. 将会计分录记入有关账户，检验期末余额是否试算平衡。

习题二

华联股份有限公司2012年7月各资产、负债和所有者权益账户的期初余额如下：

（单元：元）

资产类账户	金额	负债及所有者权益类账户	金额
库存现金	1 000	负债：	
银行存款	135 000	短期借款	60 000
应收账款	10 000	应付账款	8 000
生产成本	40 000	应交税费	2 000
原材料	120 000	负债合计	70 000
库存商品	24 000	所有者权益：	
固定资产	600 000	实收资本	860 000
		所有者权益合计	860 000
总计	930 000	总计	930 000

该公司本月发生如下经济业务：

（1）购进材料一批，计价11 700元（含增值税17%），材料验收入库，货款以银行存款支付；

（2）生产车间从仓库领用材料30 000元，全部投入生产；

（3）从银行存款户提取现金1 000元；

（4）以银行存款购入新汽车一辆，计价16 000元；

（5）用银行存款偿还应付供货单位材料款6 000元；

（6）收到购货单位前欠货款3 000元存入银行；

（7）以银行存款16 000元，归还短期借款 10 000元，归还应付供货单位货款6 000元；

（8）其他单位投入资本10 000元存入银行；

（9）收到购货单位前欠货款4 000元，其中支票3 600元存入银行，现金400元。

要求：

1. 根据资料给出的各项经济业务，用借贷记账法编制会计分录。

2. 开设各账户（丁字账）登记期初余额、本期发生额，结出期末余额。

习题三

华联股份有限公司2012年7月份有关账户记录如下：

库存现金

期初余额 160	
(2) 应收账款 100	(1) 其他应收款 120
(4) 银行存款 400	(6) 原材料 160
(7) 其他应收款 40	

银行存款

期初余额 16 800	
(2) 应收账款 5 600	(4) 现金 400
(3) 固定资产 42 000	(5) 应付账款 28 600
(8) 短期借款 10 000	(10) 固定资产 54 000
(9) 实收资本 20 000	

应收账款

期初余额 30 800	
	(2) 银行存款 5 600
	(2) 库存现金 100

其他应收款

期初余额 30 800	
(1) 库存现金 120	(7) 原材料 80
	(7) 库存现金 40

原材料

期初余额 46 000	
(6) 库存现金 160	
(7) 其他应收款 80	

固定资产

期初余额	360 000		
(10) 银行存款	54 000	(3) 银行存款	42 000

短期借款

		期初余额	32 800
		(8) 银行存款	10 000

应付账款

		期初余额	56 600
(5) 银行存款	28 600		

实收资本

		期初余额	413 180
		(9) 银行存款	20 000

要求：

1. 根据上述账户资料，补编会计分录。
2. 按照账户对应关系说明各单位经济业务的内容。

第二部分　参考答案

一、单项选择题

1.D　2.D　3.A　4.D　5.A　6.C　7.C　8.D　9.B　10.D　11.A　12.A　13.C　14.A　15.B

二、多项选择题

1.ABD　2.ABCD　3.AC　4.BD　5.AC　6.ACD　7.BC　8.ABD　9.ACD　10.ABC　11.ACD　12.AC　13.CD　14.CD　15.AC

三、计算题

账户名称	期初余额		本期发生额		期末余额	
	借方	贷方	借 方	贷方	借方	贷方
库存商品	500 000		220 000	10 000	(710 000)	
银行存款	70 000		(100 000)	80 000	90 000	
应付账款		80 000	50 000	60 000		(90 000)
短期借款		55 000	(35 000)	10 000		30 000
应收账款	(40 000)		30 000	50 000	20 000	
实收资本		350 000		(270 000)		620 000
其他应收款		25 000	25 000	——		(0)

四、业务分析题

习题一

(1) 借：固定资产　　16 000
　　贷：银行存款　　　16 000

(2) 借：库存现金　　2 000
　　贷：银行存款　　　2 000

(3) 借：原材料　　28 000
　　贷：实收资本　　　28 000

(4) 借：生产成本　　30 000
　　贷：原材料　　　30 000

(5) 借：应付账款　　23 500
　　贷：银行存款　　　23 500

(6) 借：银行存款　　100 000
　　贷：长期借款　　　100 000

(7) 借：应交税费——应交所得税　　6 000
　　贷：银行存款　　　6 000

(8) 借：银行存款　　25 000
　　贷：预收账款　　　25 000

(9) 借：银行存款　　15 000
　　　　库存现金　　3 000
　　贷：应收账款　　　18 000

(10) 借：短期借款　　20 000
　　　　应付账款　　18 000
　　贷：银行存款　　　38 000

期末余额试算平衡表

项目	期初借方余额	期初贷方余额	本期借方发生额	本期贷方发生额	期末借方余额	期末贷方余额
库存现金	1 500		5 000			
银行存款	45 000		140 000	85 500		
应收账款	47 700			18 000		
库存商品	60 000					
生产成本	22 500		30 000		6 500	
长期股权投资	180 000				99 500	
固定资产	600 000		16 000		29 700	
原材料	90 000		28 000	30 000	60 000	
短期借款		195 000	20 000		52 500	175 000
应付账款		142 500	41 500		180 000	101 000
预收账款				25 000	616 000	25 000
应交税费		9 000	6 000		88 000	3 000
长期借款		186 000		100 000		286 000
实收资本		304 200		28 000		332 200
资本公积		140 000				140 000
盈余公积		70 000				70 000
合计	1 046 700	1 046 700	286 500	286 500	1 132 200	1 132 200

会计分录记入有关账户如下：

固定资产

600 000	
16 000	
616 000	

银行存款

45 000	
100 000	16 000
25 000	2 000
15 000	23 500
	6 000
	38 000
99 500	

库存现金

1 500	
2 000	
3 000	
6 500	

原材料

90 000	
28 000	30 000
88 000	

短期借款

	195 000
20 000	
	175 000

库存现金

	304 200
	28 000
	332 200

生产成本

22 500	
30 000	
52 500	

应付账款

	142 500
23 500	
18 000	
	101 000

长期借款

	186 000
	100 000
	286 000

应交税费

	9 000
6 000	
	3 000

预收账款

	25 000
	25 000

应收账款

47 700	
	18 000
29 700	

本期借方发生额：286 500　　期末借方余额：1 132 200

本期贷方发生额：286 500　　期末贷方余额：1 132 200

习题二

1. 编制会计分录

(1) 借：原材料　10 000

　　　应交税费　1 700

　　贷：银行存款　11 700

(2) 借：生产成本　30 000

　　贷：原材料　30 000

(3) 借：库存现金　1 000

　　贷：银行存款　1 000

(4) 借：固定资产　16 000

　　贷：银行存款　16 000

(5) 借：应付账款　6 000

　　贷：银行存款　6 000

(6) 借：银行存款　3 000

　　贷：应收账款　3 000

(7) 借：应付账款　6 000

　　　短期借款　10 000

　　贷：银行存款　16 000

(8) 借：银行存款　10 000

　　贷：实收资本　10 000

(9) 借：银行存款　　　3 600
　　　　库存现金　　　400
　　贷：应收账款　　　　4 000

2. 开设丁字账

库存现金	
1 000	
1 000	
400	
2 400	

银行存款	
135 000	
3 000	11 700
10 000	1 000
3 600	16 000
	6 000
	16 000
100 900	

应收账款	
10 000	
	3 000
	4 000
3 000	

生产成本	
40 000	
30 000	
70 000	

原材料	
120 000	
10 000	30 000
100 000	

库存商品	
24 000	
24 000	

固定资产	
600 000	
16 000	
616 000	

短期借款	
	60 000
10 000	
	50 000

应付账款	
	8 000
6 000	
6 000	
4 000	

应交税费	
	2 000
1 700	
	300

实收资本	
	860 000
	10 000
	870 000

期末借方余额合计：920 300
期末贷方余额合计：920 300

习题三

(1) 职工张某向企业借款，支付现金120元；
借：其他应收款　　　120
　贷：库存现金　　　　120

(2) 企业收到上月销货款，现金100元，银行存款5 600元，共计5 700元；
借：银行存款　　5 600
　　库存现金　　100
　贷：应收账款　　5 700

(3) 购入设备不符合合同要求，退货，收到对方返回的货币资金42 000元，存入银行；
借：银行存款　　42 000
　贷：固定资产　　42 000

(4) 从银行提取现金400元；
借：库存现金　　400
　贷：银行存款　　400

(5) 企业支付前欠货款28 600元；
借：应付账款　　28 600
　贷：银行存款　　28 600

(6) 用现金购买其他材料160元；
借：原材料　　160
　贷：库存现金　　160

(7) 职工张某购买其他材料80元，交回多余现金40元；
借：原材料　　80
　　库存现金　　40
　贷：其他应收款　　120

(8) 从银行取得期限为8个月的借款10 000元；
借：银行存款　　10 000
　贷：短期借款　　10 000

(9) 收到投资者投入货币资金20 000元，存入银行；
借：银行存款　　20 000
　贷：实收资本　　20 000

(10) 用银行存款购买设备，价款54 000元。
借：固定资产　　54 000
　贷：银行存款　　54 000

第六章　企业主要经济业务的核算

第一部分　练习题

一、单项选择题

1. 计提短期借款利息支出时，应贷记的账户是（　　）。

A. “短期借款”　　B. “财务费用”

C. “应付利息”　　D. “银行借款”

2. 购买的原材料，当其验收入库后，其实际成本在（　　）账户核算。

A. “工程物资”　　B. “原材料”

C. “库存商品”　　D. “在途物资”

3. 企业设置“固定资产”账户是用来反映固定资产的（　　）。

A. 磨损价值　　B. 累计折旧

C. 原始价值　　D. 净值

4. 某制造企业为增值税一般纳税人。本期外购原材料一批，发票注明买价20 000元，增值税3 400元，入库前的挑选整理费用为1 000元，则该批原材料的入账价值为（　　）。

A. 20 000元　　B. 23 400元

C. 24 400元　　D. 21 000元

5. 常与“主营业务成本”账户的借方相对应的账户是（　　）。

A. “在途物资”　　B. “库存商品”

C. “原材料”　　D. “主营业务收入”

6. 下列项目中，不属于管理费用的有（　　）。

A. 车间管理人员工资　　B. 厂部管理人员工资

C. 厂部消耗材料　　D. 厂部办公用房的租金

7. 通过银行收到的销货款，其中属于上月应收15 000元，本月应收30 000元，预收下月20 000元。在权责发生制下，本月的收入应为（　　）。

A. 50 000元　　B. 65 000元

C. 30 000元　　D. 45 000元

8. 本期已经支付，但应由本期和以后各期负担的费用是（　　）。

A. 预计费用　　B. 长期待摊费用
C. 销售费用　　D. 已付费用

9. 下列费用中，不构成产品成本，而应直接计入当期损益的是（　　）。
A. 直接材料费　　B. 直接人工费
C. 期间费用　　D. 制造费用

10. 下列内容中，属于制造企业其他业务收入的是（　　）。
A. 存款利息收入　　B. 清理固定资产净收益
C. 销售产品收入　　D. 销售材料收入

11. 下列属于营业外收入的是（　　）。
A. 利息收入　　B. 罚没收入
C. 投资收益　　D. 清理固定资产收入

12. 企业8月末负债总额100万元，9月份收回欠款15万元，用银行存款归还借款10万元，用银行存款预付购货款5万元，则9月末负债总额为（　　）。
A. 110万元　　B. 105万元
C. 90万元　　D. 80万元

13. 下列业务属于资产内部一增一减的是（　　）。
A. 收回外单位欠款　　B. 支付欠外单位款
C. 借入短期借款　　D. 销售货款存入银行

14. 期间费用账户期末应（　　）。
A. 有借方余额　　B. 有贷方余额
C. 没有余额　　D. 同时有借、贷方余额

15. 下列不属于营业外支出的项目是（　　）。
A. 固定资产盘亏损失　　B. 非常损失
C. 捐赠支出　　D. 坏账损失

16. 下列费用中，不是期间费用的有（　　）。
A. 管理费用　　B. 财务费用
C. 制造费用　　D. 销售费用

17. “应付职工薪酬”账户是核算应付给职工的（　　）。
A. 工资及福利费的账户
B. 工资及困难补助的账户
C. 工资总额的账户
D. 退休金

18. “本年利润”账户年内的贷方余额表示（　　）。
A. 利润分配额　　B. 未分配利润额

C. 净利润额　　D. 亏损额

19. 年末结转后，“利润分配”账户的贷方余额表示（　）。

A. 实现的利润总额　　B. 净利润额

C. 利润分配总额　　D. 未分配利润额

20. “固定资产”账户的借方余额减去“累计折旧”账户的贷方余额的差额表示（　）。

A. 固定资产的损耗价值　　B. 固定资产的原始价值

C. 固定资产的折余价值即净值　　D. 固定资产的重置完全价值

二、多项选择题

1. 制造业企业的生产经营活动包括（　）。

A. 供应过程业务　　B. 产品生产业务

C. 产品销售业务　　D. 财务成果业务

2. 下列能引起资产和所有者权益同时增加的业务有（　）。

A. 收到国家投资存入银行　　B. 提取盈余公积

C. 收到外商投入专有设备一台　　D. 将资本公积金转增资本

3. 企业购入材料的采购成本包括（　）。

A. 材料买价　　B. 增值税进项税额

C. 采购费用　　D. 销售机构经费

4. 下列项目应在“管理费用”账户中核算的有（　）。

A. 工会经费　　B. 诉讼费

C. 业务招待费　　D. 广告费

5. “生产成本”账户的借方登记（　）。

A. 管理费用　　B. 直接人工费用

C. 分配计入的制造费用　　D. 直接材料费用

6. “生产成本”账户的对应账户可能有（　）。

A. “原材料”账户　　B. “银行存款”账户

C. “应付职工薪酬”账户　　D. “制造费用”账户

7. 下列费用中，属于生产过程中发生的费用有（　）。

A. 车间机器设备折旧费　　B. 在途物资费用

C. 生产工人工资　　D. 生产过程耗用的材料

8. （　）是企业销售过程中所使用的账户。

A. “主营业务收入”　　B. “营业税金及附加”

C. “主营业务成本”　　D. “销售费用”

9. （　）属于“利润分配”核算的内容。

A. 提取法定盈余公积

B. 提取任意盈余公积

C. 分配给投资者利润

D. 转增资本

10. 期间费用一般包括（　　）。

A. 财务费用

B. 管理费用

C. 销售费用

D. 制造费用

11. 为了具体核算企业利润分配及未分配利润情况，“利润分配”账户应设置的明细账户有（　　）。

A. “未分配利润”

B. “提取资本公积金”

C. “应付股利”

D. “提取盈余公积”

12. 关于“本年利润”账户，下列说法正确的有（　　）。

A. 借方登记期末转入的各项支出额

B. 贷方登记期末转入的各项收入

C. 贷方余额为实现的净利润额

D. 借方余额为发生的亏损额

13. 下列可在职工福利费中开支的有（　　）。

A. 职工的医药费

B. 职工困难补助

C. 职工退休金

D. 医务福利人员工资

14. 按权责发生制原则要求，下列应作为本期费用的是（　　）。

A. 预付明年保险费

B. 摊销以前付款的报刊费

C. 尚未付款的本月借款利息

D. 采购员报销的差旅费

15. 下列账户中，月末一般应该没有余额的是（　　）。

A. “生产成本”

B. “制造费用”

C. “管理费用”

D. “财务费用”

16. 关于实收资本，下列说法正确的有（　　）。

A. 是企业实际收到投资人投入的资本

B. 是企业进行正常经营的条件

C. 是企业向外投出的资产

D. 应按照实际投资数额入账

17. 与营业收入相配比的成本包括（　　）。

A. 主营业务成本

B. 销售费用

C. 其他业务成本

D. 管理费用

18. 下列采购费用不计入在途物资成本，而是作为管理费用的有（　　）。

A. 采购人员差旅费

B. 入库前的挑选费用

C. 市内采购材料的零星运杂费

D. 运输途中的合理损耗

19. 在进行在途物资业务核算时，与“在途物资”账户的借方相对应的贷方账户一般有（　）。

A. “应付账款”　　B. “应付票据”

C. “银行存款”　　D. “预付账款”

20. 关于“制造费用”账户，下列说法正确的是（　）。

A. 借方登记实际发生的各项制造费用

B. 贷方登记分配转入产品成本的制造费用

C. 期末余额在借方，表示在产品的制造费用

D. 期末一般没有余额

三、计算题

华联股份有限公司2012年度有关账户发生额资料如下：

主营业务收入	400 000	财务费用	5 000	主营业务成本	200 000
营业税金及附加	20 000	销售费用	10 000	营业外收入	10 000
管理费用	50 000	营业外支出	15 000	其他业务收入	2 000
其他业务成本	4 000	投资收益	3 000		

要求：

计算下列指标：

（1）营业利润；

（2）利润总额；

（3）若企业所得税率为25%，并且除投资收益外企业的利润总额等同于应纳税所得额，要求计算企业应纳的所得税；

（4）假定企业分别按净利润的10%和5%提取盈余公积金和公益金，然后将剩余的30%分配给投资者，要求计算企业提取盈余公积金和公益金以及向投资者分配的数额。

四、业务分析题

习题一

华联股份有限公司2012年1月份发生下列经济业务：

（1）收到国家投入资金600 000元，存入银行；

（2）收到江南集团公司投入生产流水线一条，价值2 550 000元，作为其投资额，生产流水线已验收使用；

（3）向黄埔开发区购进厂房一幢，价值2 000 000元，已经验收使用，价款尚未支付；

（4）向银行借入期限为2年、利率为8%的设备借款8 000 000元，已转存银行；

(5) 收到长江实业公司投入资金82 000 000元，经协商确认其注册资本金为80 000 000元，其余作资本溢价处理，款项已存入银行；

(6) 公司发行2年期、利率为10%、面值为500 000元的债券，筹集资金500 000元，已存入银行；

(7) 向银行借入期限为8个月、利率为6%的生产周转借款200 000元，已转存银行。

要求：

根据上述资料编制会计分录。

习题二

华联股份有限公司2012年2月份发生了下列经济业务：

(1) 向飞达公司购进甲材料8 000千克，增值税专用发票上注明的价款为400 000元，增值税额68 000元，甲材料已验收入库，款项尚未支付；

(2) 以银行贷款支付甲材料运输费3 600元，装卸费1 000元。该甲材料采购完毕，结转其实际采购成本；

(3) 向华南集团公司预付购进乙材料款200 000元，款项已通过银行付讫；

(4) 采购员预借差旅费2 000元，以库存现金支付；

(5) 向东风公司购进丙材料2 000千克，增值税专用发票上注明的价款为50 000元，增值税额8 500元；购进丁材料5 000千克，增值税专用发票上注明的价款为550 000元，增值税额93 500元。企业于当日签发一张期限为4个月、面值为702 000元的商业汇票，用以承付材料款项。材料尚未验收入库；

(6) 以银行存款支付丙、丁两种材料的运输费8 800元及装卸费1 200元，采购费用按材料的重量比例进行分配；

(7) 丙、丁两种材料已经验收入库，结转其实际采购成本；

(8) 采购员出差回来报销差旅费2 200元，又补付其现金200元，已结清预支款；

(9) 收到向华南集团公司订购的乙材料10 000元，增值税专用发票上注明的价款为1 000 000元，增值税额170 000元。材料已验收入库，以银行存款支付运杂费3 000元，装卸费1 000元，订购材料的余款暂未支付；

(10) 通过银行支付乙材料的余款970 000元。同时，乙材料采购完毕，结转其实际成本。

要求：根据上述资料编制会计分录。

习题三

华联股份有限公司2012年3月份又发生了下列经济业务：

(1) 根据各部门领用材料的凭证编制材料耗用汇总表如表6-1所示；

（2）车间主任出差预借差旅费2 000元；

（3）从银行提取现金500 000元，备发工资；

（4）以现金50 000元发放工资；

（5）车间主任出差回来报销差旅费1 800元，并退回库存现金200元，以结清其预借款；

（6）分配本月份职工工资500 000元，其中，生产A产品工人工资200 000元，生产B产品工人工资180 000元，生产C产品工人工资80 000元，车间管理人员工资16 000元，行政管理人员工资24 000元；

（7）分别按本月份职工工资总额的14%、2%、1.5%计提职工福利费、工会经费、职工教育经费；

（8）计提本月份固定资产折旧费20 000元，其中：生产车间18 000元，行政部门2 000元；

（9）计提本月份银行借款利息1 000元；

（10）按生产工人工时分配本月份发生的制造费用，生产A产品耗用8 500工时，B产品耗用8 000工时，C产品耗用3 500工时；

（11）本月份生产A产品1 000件，B产品2 000件，已全部完工，验收入库，分别结转其实际生产成本。

表6-1　材料耗用汇总表　　（单位：元）

耗用材料 / 用途	甲材料		乙材料		丙材料		丁材料		金额合计
	数量（千克）	金额	数量（千克）	金额	数量（千克）	金额	数量（千克）	金额	
生产A产品耗用	5 000	253 000	6 000	602 400	1 000	26 400			881 800
生产B产品耗用	3 000	151 000	3 000	301 200			2 000	360 000	813 000
生产C产品耗用					600	15 840	2 000	360 000	375 840
生产车间一般耗用			500	50 200	100	2 640			52 840
行政管理部门耗用					100	2 640			2 640
合计	8 000	404 000	9 500	953 800	1 800	47 520	4 000	720 000	2 126 120

要求：根据上述资料编制会计分录。

习题四

华联股份有限公司2012年4月份又发生下列经济业务：

(1) 售给长安公司A产品400件，每件售价1 500元，计货款600 000元，增值税102 000元，尚未收到；

(2) 以银行存款支付推销商品的电视广告费20 000元；

(3) 售给长江公司A产品300件，每件售价1 500元，计货款450 000元，增值税76 500元，款项均已收到，存入银行；

(4) 以银行存款支付销售A产品运输费5 800元；

(5) 根据合同规定，预收马鞍山公司订购B产品货款200 000元，存入银行；

(6) 售给马鞍山公司订购B产品1 800件，每件售价800元，计货款1 440 000元，增值税额244 800元。款项除抵偿预收账款外，其余部分尚未收到；

(7) 收到马鞍山公司签发并承兑的商业汇票一张，期限为3个月，面值为1 484 800元，用以抵付货款；

(8) 期末，结转已售A、B产品的生产成本；

(9) 期末，结转本月应缴纳的增值税额82 060元，款项通过银行付讫；

(10) 期末，按商品销售收入计算应纳消费税15 000元，城市维护建设税8 000元。

要求：根据上述资料编制会计分录。

习题五

华联股份有限公司2012年5月份又发生了下列经济业务：

(1) 收到客户违约付来赔偿金2 000元，存入银行；

(2) 向灾区捐赠救灾款8 000元，以银行存款支付；

(3) 期末，结转本月收益；

(4) 期末，结转本月成本、费用和支出；

(5) 根据本月份实现的利润总额，按25%的税率计提所得税费用；

(6) 将所得税费用结转到“本年利润”账户；

(7) 按公司净利润计提10%的盈余公积金和5%的公益金；

(8) 按公司净利润的25%提取应分配给投资者的利润；

(9) 期末，通过银行上缴所得税费用；

(10) 期末，通过银行支付应付投资者利润；

(11) 期末，结转本月已分配的利润。

要求：根据上述资料编制会计分录。

习题六

华联股份有限公司2012年6月份发生的部分经济业务如下：

(1) 从银行取得临时借款500 000元存入银行；

(2) 接受投资人投入的房产一处，评估作价600 000元投入使用；

(3) 用银行存款6 500元上缴上个月税费；

(4) 收回某单位所欠本企业货款50 000元存入银行；

(5) 用银行存款10 000元预付购货款；

(6) 企业销售A产品总价款58 500元（含税），税率17%，已收款；

(7) 供应单位发来甲材料10 000元，增值税税率为17%，价款已预付；

(8) 生产A产品领用甲材料3 600元，乙材料3 400元；

(9) 车间一般性消耗材料1 500元；

(10) 车间设备发生修理费900元，用现金支付；

(11) 从银行提取现金30 000元准备发放工资；

(12) 银行转来通知，支付企业职工医药费2 300元；

(13) 车间领用甲材料5 000元用于B产品的生产；

(14) 用银行存款1 000元支付销售A产品的广告费；

(15) 企业销售B产品价款20 000元，暂未收到，增值税税率17%；

(16) 企业购买一台车床买价20 000元，增值税额3 400元，运杂费1 000元，款项暂未支付，设备已交付使用；

(17) 开出现金支票购买车间办公用品780元；

(18) 计提本月折旧，其中车间3 200元，厂部1 800元；

(19) 计提应由本月负担的银行借款利息980元；

(20) 用银行存款34 000元支付上年分配给投资人的利润；

(21) 分配工资费用，其中A产品工人工资 12 000元， B产品工人工资10 000元，车间管理人员工资8 000元；

(22) 按各自工资额14%提取福利费；

(23) 经批准将资本公积金60 000元转增资本；

(24) 本月发生制造费用15 500元，按生产工时（A产品6 000个、B产品4 000个）分配计入A、B产品成本；

(25) 本月生产的A产品15台现已完工，总成本38 500元，验收入库，结转成本；

(26) 用银行存款5 400元支付公益救济性捐赠；

(27) 用现金4 800元支付退休金；

(28) 结转已销A产品成本18 500元。

要求：编制本月业务的会计分录。

习题七

华联股份有限公司2012年7月发生的部分经济业务如下：

(1) 从银行取得期限为6个月的借款30 000元存入银行；

(2) 收回其他单位购货欠款3 800元存入银行；

(3) 公司人员报销差旅费1 180元，余款退回现金（原借款1 600元）；

(4) 购入甲材料2 000千克，单价9元。乙材料1 200千克，单价4元。发票注明的增值税额为3 876元，价税款未付；

(5) 银行存款3 200元支付甲、乙材料外地运费，按重量分配，材料验收入库，结转成本；

(6) 接受某公司投资的一台设备，价值7 000元，投入使用；

(7) 仓库发出材料，A产品生产耗用70 000元，B产品生产耗用30 000元；

(8) 摊销应由本月负担的保险费600元；

(9) 用存款支付本月水电费，其中车间1 600元，厂部800元；

(10) 用银行存款购买一台设备，买价8 000元，运杂费640元，增值税额1 360元，设备投入安装；

(11) 上述设备安装过程中发生安装费2 000元，用银行存款支付。设备完工，交付使用，结转成本；

(12) 计提应由本月负担的短期借款利息1 200元；

(13) 月末分配工资费用，其中：

A产品生产工人工资　　26 000元

B产品生产工人工资　　14 000元

车间管理人员工资　　10 000元

厂部管理人员工资　　8 000元；

(14) 按各自工资额的14%提取福利费；

(15) 摊销应由本月负担的车间设备修理费800元；

(16) 计提本月固定资产折旧，其中：

车间设备折旧额　　1 700元

厂部设备折旧额　　1 300元；

(17) 用银行存款15 000元支付公益救济性捐赠；

(18) 用库存现金6 000元发放退休职工退休金；

(19) 将无法偿还的应付账款20 000元予以转账；

(20) 将本月发生的制造费用按生产工时比例6 000：4 000分别计入A、B产品成本；

（21）本月生产的A产品18台全部完工，验收入库，结转成本（假设没有期初、期末在产品）；

（22）企业销售A产品10台，单价8 600元，增值税额12 040元，款项未收到；

（23）经计算本月销售税费2 800元；

（24）用银行存款支付销售产品的运杂费500元；

（25）结转本月已销产品成本30 000元；

（26）销售A材料20 000元，增值税税率为17%，价税款存入银行。该项材料的采购成本为18 000元；

（27）将本月发生的各项收入和支出转入“本年利润”账户；

（28）按25%的税率计算所得税并予以结转。

要求：编制本月上述经济业务的会计分录。

第二部分　参考答案

一、单项选择题

1.C　2.B　3.C　4.D　5.B　6.A　7.C　8.B　9.C　10.D　11.B　12.C　13.A　14.C　15.D　16.C　17.A　18.C　19.D　20.C

二、多项选择题

1.ABC　2.AC　3.AC　4.ABC　5.BCD　6.ABCD　7.ACD　8.ABCD　9.ABC　10.ABC　11.ACD　12.ABCD　13.ABD　14.BCD　15.BCD　16.AB　17.AC　18.AC　19.ABCD　20.ABD

三、计算题

1. 营业利润=营业收入-营业成本-营业税金及附加-销售费用-管理费用-财务费用+投资净收益

=400000+2000-200000-4000-20000-10000-50000-5000+3000

=116 000

2. 利润总额=营业利润+营业外收入-营业外支出

=11 600+10 000-15 000

=111 000

3. 应交所得税=（111 000-3 000）×25%=108 000×25%=27 000

4. 提取的盈余公积金=（111 000-27 000）×10%=8 400

提取的公益金=（111 000-27 000）×5%=4 200

向投资者分配的利润=（84 000-8 400-4 200）×30%=71 400×30%=21 420

四、业务分析题

习题一

(1) 借：银行存款	600 000	
贷：实收资本		600 000
(2) 借：固定资产	2 550 000	
贷：实收资本		2 550 000
(3) 借：固定资产	2 000 000	
贷：应付账款		2 000 000
(4) 借：银行存款	8 000 000	
贷：长期借款		8 000 000
(5) 借：银行存款	82 000 000	
贷：实收资本		80 000 000
资本公积		2 000 000
(6) 借：银行存款	500 000	
贷：长期借款		500 000
(7) 借：银行存款	200 000	
贷：短期借款		200 000

习题二

(1) 借：在途物资 ——甲材料	400 000	
应交税费——应交增值税（进项税额）	68 000	
贷：应付账款		468 000
(2) 借：在途物资——甲材料	4 600	
贷：银行存款		4 600
借：原材料——甲材料	404 600	
贷：在途物资——甲材料		404 600
(3) 借：预付账款	200 000	
贷：银行存款		200 000
(4) 借：其他应收款	2 000	
贷：库存现金		2 000
(5) 借：在途物资——丙材料	50 000	
——丁材料	550 000	
应交税费——应交增值税（进项税额）	102 000	
贷：应付票据		702 000

(6) 10 000 / (2 000+5 000) =142. 86 %

142. 86% × 2 000=2 857

10 000−2 857=7 143

借：在途物资——丙材料　　2 857

　　——丁材料　　7 143

贷：银行存款　　10 000

(7) 借：原材料——丙材料　　52 857

　　——丁材料　　557 143

贷：在途物资——丙材料　　52 857

　　——丁材料　　557 143

(8) 借：管理费用　　2 200

贷：其他应收款　　2 000

　　库存现金　　200

(9) 借：在途物资——乙材料　　1 004 000

　　应交税费——应交增值税　　170 000

贷：预付账款　　1 170 000

　　银行存款　　4 000

(10) 借：预付账款　　970 000

贷：银行存款　　970 000

借：原材料——乙材料　　1 004 000

贷：在途物资——乙材料　　1 004 000

习题三

(1) 借：生产成本——基本生产成本——A　　881 800

　　生产成本——基本生产成本——B　　813 000

　　生产成本——基本生产成本——C　　375 840

　　制造费用　　52 840

　　管理费用　　2 640

贷：原材料　　2 126 120

(2) 借：其他应收款　　2 000

贷：库存现金　　2 000

(3) 借：库存现金　　500 000

贷：银行存款　　500 000

(4) 借：应付职工薪酬　　500 000

贷：库存现金　　500 000

(5) 借：制造费用　　1 800
　　库存现金　　200
　贷：其他应收款　　2 000

(6) 借：生产成本——基本生产成本——A　　200 000
　　生产成本——基本生产成本——B　　180 000
　　生产成本——基本生产成本——C　　80 000
　　制造费用　　16 000
　　管理费用　　24 000
　贷：应付职工薪酬　　500 000

(7) 借：生产成本——基本生产成本——A　　28 000
　　生产成本——基本生产成本——B　　25 200
　　生产成本——基本生产成本——C　　11 200
　　制造费用　　2 240
　　管理费用　　3 360
　贷：应付职工薪酬　　70 000

借：管理费用——工会经费　　10 000
　　——职工教育经费　　7 500
　贷：应付职工薪酬　　17 500

(8) 借：制造费用　　18 000
　　管理费用　　2 000
　贷：累计折旧　　20 000

(9) 借：财务费用　　1 000
　贷：应付利息　　1 000

(10) 制造费用52 840+1 800+16 000+2 240+18 000=90 880

90 880 /（8 500+8 000+3 500）=4. 544

8 500 × 4. 544=38 624

8 000 × 4. 544=36 352

3 500 × 4. 544=15 904

借：生产成本——基本生产成本——A　　38 624
　　生产成本——基本生产成本——B　　36 352
　　生产成本——基本生产成本——C　　15 904
　贷：制造费用　　90 880

（11）借：库存商品——A　　　　　　　　　　1 148 424
（881 800+200 000+28 000+38 624）
　　　库存商品——B　　　　　　　　　　1 054 552
（813 000+180 000+25 200+36 352）
　　贷：生产成本——A　　　　　　　　　　　1 148 424
　　　　生产成本——B　　　　　　　　　　　1 054 552

习题四

（1）借：应收账款　　　　　　　　　　702 000
　　贷：主营业务收入　　　　　　　　　　　600 000
　　　　应交税费——应交增值税　　　　　　102 000
（2）借：销售费用　　　　　　　　　　20 000
　　贷：银行存款　　　　　　　　　　　　　20 000
（3）借：银行存款　　　　　　　　　　526 500
　　贷：主营业务收入　　　　　　　　　　　450 000
　　　　应交税费——应交增值税　　　　　　76 500
（4）借：销售费用　　　　　　　　　　5 800
　　贷：银行存款　　　　　　　　　　　　　5 800
（5）借：银行存款　　　　　　　　　　200 000
　　贷：预收账款　　　　　　　　　　　　　200 000
（6）借：预收账款　　　　　　　　　　1 684 800
　　贷：主营业务收入　　　　　　　　　　　1 440 000
　　　　应交税费——应交增值税　　　　　　244 800
（7）借：应收票据　　　　　　　　　　1 484 800
　　贷：预收账款　　　　　　　　　　　　　1 484 800
（8）A产品单位成本：1 148 424 / 1 000=1 148. 424
B产品单位成本：1 054 552 / 2 000=527. 276
1 148. 424×（400+300）=803 896. 80
527. 276×1 800=949 096. 80
　借：主营业务成本——A　　　　　　　803 896. 80
　　　主营业务成本——B　　　　　　　949 096. 80
　贷：库存商品——A　　　　　　　　　　　803 896. 80
　　　库存商品——B　　　　　　　　　　　949 096 80
（9）借：应交税费——应交增值税　　　　82 060
　贷：银行存款　　　　　　　　　　　　　82 060

(10) 借：营业税金及附加　　23 000
　　贷：应交税费——应交消费税　　15 000
　　　　　　　——应交城市维护建设税　　8 000

习题五

(1) 借：银行存款　　2 000
　　贷：营业外收入　　2 000
(2) 借：营业外支出　　8 000
　　贷：银行存款　　8 000
(3) 借：主营业务收入　　2 490 000
　(600 000+450 000+1 440 000=2 490 000)
　　　营业外收入　　2 000
　　贷：本年利润　　2 492 000
(4) 借：本年利润　　1 845 201.8
　　贷：营业税金及附加　　23 000
　　　　主营业务成本　　1 753 361.8
　　　　销售费用　　25 800
　　　　管理费用　　35 040
(2 200+2 640+24 000+4 200+2 000=35 040)
　　　　财务费用　　1 000
　　　　营业外支出　　8 000
(5) (2 492 000-1 845 201.8) ×25%=161 699. 55
　借：所得税费用　　161 699. 55
　　贷：应交税费——应交所得税　　161 699. 55
(6) 借：本年利润　　161 699. 55
　　贷：所得税费用　　161 699. 55
(7) 646 798. 20-161 699. 55=485 098. 65
　485 098. 65×10%=48 509. 87　　485 098. 65× 5%=24 254. 93
　借：利润分配——提取法定盈余公积　　48 509. 87
　　　　　　——提取公益金　　24 254. 93
　　贷：盈余公积——法定盈余公积　　48 509. 87
　　　　　　　——公益金　　24 254. 93
(8) 485 098. 65×25%=121 274. 66
　借：利润分配——应付利润　　121 274. 66
　　贷：应付股利　　121 274. 66

(9) 借：应交税费——应交所得税　　161 699.55
　　贷：银行存款　　161 699.55
(10) 借：应付股利　　121 274.66
　　贷：银行存款　　121 274.66
(11) 借：利润分配——未分配利润　　194 039.46
　　贷：利润分配——提取法定盈余公积　　48 509.87
　　　　　　　　——提取公益金　　24 254.93
　　　　　　　　——应付利润　　121 274.66

习题六

(1) 借：银行存款　　500 000
　　贷：短期借款　　500 000
(2) 借：固定资产　　600 000
　　贷：实收资本　　600 000
(3) 借：应交税费　　6 500
　　贷：银行存款　　6 500
(4) 借：银行存款　　50 000
　　贷：应收账款　　50 000
(5) 借：预付账款　　10 000
　　贷：银行存款　　10 000
(6) 借：银行存款　　58 500
　　贷：主营业务收入　　50 000
　　　　应交税费——应交增值税　　8 500
(7) 借：原材料　　10 000
　　　　应交税费　　1 700
　　贷：预付账款　　11 700
(8) 借：生产成本　　7 000
　　贷：原材料——甲　　3 600
　　　　　　　　乙　　3 400
(9) 借：制造费用　　1 500
　　贷：原材料　　1 500
(10) 借：制造费用　　900
　　贷：库存现金　　900
(11) 借：库存现金　　30 000
　　贷：银行存款　　30 000

(12) 借：应付职工薪酬 2 300
　　贷：银行存款 2 300
(13) 借：生产成本 5 000
　　贷：原材料 5 000
(14) 借：销售费用 1 000
　　贷：银行存款 1 000
(15) 借：应收账款 23 400
　　贷：主营业务收入 20 000
　　　　应交税费 3 400
(16) 借：固定资产 21 000
　　　　应交税费——应交增值税 3 400
　　贷：应付账款 24 400
(本题采用消费型增值税处理)
(17) 借：制造费用 780
　　贷：银行存款 780
(18) 借：制造费用 3 200
　　　　管理费用 1 800
　　贷：累计折旧 5 000
(19) 借：财务费用 980
　　贷：应付利息 980
(20) 借：应付股利 34 000
　　贷：银行存款 34 000
(21) 借：生产成本 22 000
　　　　制造费用 8 000
　　贷：应付职工薪酬 30 000
(22) 借：生产成本 3 080
　　　　制造费用 1 120
　　贷：应付职工薪酬 4 200
(23) 借：资本公积 60 000
　　贷：实收资本 60 000
(24) 借：生产成本——A产品 9 300
　　　　　　　　——B产品 6 200
　　贷：制造费用 15 500

(25) 借：库存商品　38 500
　　贷：生产成本　38 500
(26) 借：营业外支出　5 400
　　贷：银行存款　5 400
(27) 借：管理费用　4 800
　　贷：库存现金　4 800
(28) 借：主营业务成本　18 500
　　贷：库存商品　18 500

习题七

(1) 借：银行存款　30 000
　　贷：短期借款　30 000
(2) 借：银行存款　3 800
　　贷：应收账款　3 800
(3) 借：管理费用　1 180
　　　库存现金　420
　　贷：其他应收款　1 600
(4) 借：在途物资——甲材料　18 000
　　　　　　　——乙材料　4 800
　　　应交税费——应交增值税　3 876
　　贷：应付账款　26 676
(5) 借：在途物资——甲材料　2 000
　　　　　　　——乙材料　1 200
　　贷：银行存款　3 200
(6) 借：固定资产　7 000
　　贷：实收资本　7 000
(7) 借：生产成本——A产品　70 000
　　　　　　　——B产品　30 000
　　贷：原材料　100 000
(8) 借：管理费用　600
　　贷：预付账款　600
(9) 借：制造费用　1 600
　　　管理费用　800
　　贷：银行存款　2 400

(10) 借：在建工程　　8 640
　　应交税费　　1 360
　贷：银行存款　　10 000
(本题采用消费型增值税处理)
(11) 借：在建工程　　2 000
　贷：银行存款　　2 000
　借：固定资产　　10 640
　贷：在建工程　　10 640
(12) 借：财务费用　　1 200
　贷：应付利息　　1 200
(13) 借：生产成本——A产品　　26 000
　　——B产品　　14 000
　　制造费用　　10 000
　　管理费用　　8 000
　贷：应付职工薪酬　　58 000
(14) 借：生产成本——A产品　　3 640
　　——B产品　　1 960
　　制造费用　　1 400
　　管理费用　　1 120
　贷：应付职工薪酬　　8 120
(15) 借：制造费用　　800
　贷：预付账款　　800
(16) 借：制造费用　　1 700
　　管理费用　　1 300
　贷：累计折旧　　3 000
(17) 借：营业外支出　　15 000
　贷：银行存款　　15 000
(18) 借：管理费用　　6 000
　贷：库存现金　　6 000
(19) 借：应付账款　　20 000
　贷：营业外收入　　20 000
(20) 借：生产成本——A产品　　9 300
　　——B产品　　6 200
　贷：制造费用　　15 500

		借方	贷方
(21)	借：库存商品	108 940	
	贷：生产成本		108 940
(22)	借：应收账款	98 040	
	贷：主营业务收入		86 000
	应交税费——应交增值税		12 040
(23)	借：营业税金及附加	2 800	
	贷：应交税费		2 800
(24)	借：销售费用	500	
	贷：银行存款		500
(25)	借：主营业务成本	30 000	
	贷：库存商品		30 000
(26)	借：银行存款	23 400	
	贷：其他业务收入		20 000
	应交税费——应交增值税		3 400
	借：其他业务成本	18 000	
	贷：原材料		18 000
(27)	借：主营业务收入	86 000	
	其他业务收入	20 000	
	营业外收入	2 000	
	贷：本年利润		108 000
	借：本年利润	86 500	
	贷：主营业务成本		30 000
	其他业务成本		18 000
	营业税金及附加		2 800
	销售费用		500
	管理费用		19 000
	财务费用		1 200
	营业外支出		15 000
(28)	借：所得税费用	5 375	
	贷：应交税费——应交所得税		5 375
	借：本年利润	5 375	
	贷：所得税费用		5 375

第七章　会计凭证

第一部分　练习题

一、单项选择题

1. 严格地讲，填制记账凭证的依据应是（　　）。

A. 真实的原始凭证　　B. 自制的原始凭证

C. 外来原始凭证　　D. 审核无误的原始凭证

2. 收料单属于（　　）。

A. 外来原始凭证　　B. 自制原始凭证

C. 计算凭证　　D. 汇总原始凭证

3. 制造企业的限额领料单一般是一种（　　）。

A. 外来原始凭证　　B. 自制累计原始凭证

C. 自制一次原始凭证　　D. 自制汇总原始凭证

4. 结转完工入库产品的实际成本应编制（　　）。

A. 转账凭证　　B. 收款凭证

C. 付款凭证　　D. 累计凭证

5. 企业所编制的会计分录不体现在（　　）上。

A. 收款凭证　　B. 付款凭证

C. 转账凭证　　D. 原始凭证

6. 会计凭证不是（　　）。

A. 记账查账的重要依据，经济业务完成情况的书面证明

B. 编制会计报表的重要依据

C. 记录经济业务的书面证明

D. 明确经济责任的书面证明

7. 外来原始凭证一般都是（　　）。

A. 一次凭证　　B. 累计凭证

C. 汇总原始凭证　　D. 记账凭证

8. 下列不能作为会计核算的原始凭证的是（　　）

A. 发票　　B. 合同书

C. 住宿费收据　　D. 领料单

9. 下列科目可能是收款凭证借方科目的是（　）。

A. 在途物资　　B. 应收账款

C. 银行存款　　D. 预付账款

10. 下列科目可能是收款凭证贷方科目的是（　）。

A. 制造费用　　B. 管理费用

C. 应收账款　　D. 坏账准备

11. 将会计凭证分为原始凭证和记账凭证的依据是（　）。

A. 填制时间　　B. 取得来源

C. 填制的程序和用途　　D. 反映的经济内容

12. 记账凭证中不可能有（　）。

A. 接受单位的名称　　B. 记账凭证的编号

C. 记账凭证的日期　　D. 记账凭证的名称

13. 原始凭证是（　）。

A. 登记日记账的根据　　B. 编制记账凭证的根据

C. 编制科目汇总表的根据　　D. 编制汇总记账凭证的根据

14. 将记账凭证分为收款凭证、付款凭证、转账凭证的依据是（　）。

A. 凭证填制的手续　　B. 凭证的来源

C. 凭证所反映经济业务的内容　　D. 所包括的会计科目是否单一

15. 根据账簿记录和经济业务的需要而编制的自制原始凭证是（　）。

A. 转账凭证　　B. 累计凭证

C. 限额领料单　　D. 记账编制凭证

16. 原始凭证的基本内容中，不包括（　）。

A. 日期及编号　　B. 内容摘要

C. 实物数量及金额　　D. 会计科目

17. 根据一定期间的同类记账凭证全部汇总填制的凭证有（　）。

A. 汇总原始凭证　　B. 科目汇总表

C. 复式凭证　　D. 累计凭证

18. 企业将现金存入银行应编制（　）。

A. 银行存款付款凭证　　B. 现金付款凭证

C. 银行存款收款凭证　　D. 现金收款凭证

19. 会计凭证登账后的整理、装订和归档存查称为（　）。

A. 会计凭证的传递　　B. 会计凭证的保管

C. 会计凭证的编制　　D. 会计凭证的销毁

20. 记账凭证审核时，一般不包括（　　）。

A. 记账凭证是否附有原始凭证，原始凭证内容是否与记账凭证内容相符

B. 记账凭证是否附有原始凭证，原始凭证时间是否与记账凭证时间一致

C. 根据原始凭证所做的会计分录是否正确

D. 记账凭证中规定的项目是否已填列齐全

二、多项选择题

1. 原始凭证的内容必须具备（　　）。

A. 凭证名称　　B. 填制凭证日期

C. 填制凭证单位名称或填制人姓名　　D. 经办人员的签名或盖章

2. 各单位不得自行设计和印制（　　）。

A. 银行汇票、本票　　B. 支票

C. 发货票　　D. 入库单

3. 企业购买材料一批并已入库，该项业务有可能存在如下原始凭证（　　）。

A. 发票　　B. 支票

C. 货运单据　　D. 入库单

4. 记账凭证必须具备（　　）等基本内容。

A. 记账凭证名称　　B. 填制单位名称

C. 填制凭证日期　　D. 会计分录

5. 企业购入材料一批，货款已付，材料已验收入库，应编制的全部会计凭证有（　　）。

A. 收料单　　B. 累计凭证

C. 收款凭证　　D. 付款凭证

E. 转账凭证

6. 某一张记账凭证的编制依据可以是（　　）。

A. 某一张原始凭证

B. 反映同类经济业务的若干张原始凭证

C. 汇总原始凭证

D. 有关账簿记录

7. 产品完工验收入库，该项业务所编制的记账凭证，一般应依据（　　）。

A. 出库单　　B. 入库单

C. 制造费用分配表　　D. 库存商品成本计算单

8. 如果某一笔经济业务需填制两张记账凭证，该凭证顺序号为70号，则此两张记账凭证的编号应为（　　）。

A. 70号　　B. 71号

C. 70—1/2　　D. 70—2/2

9. 会计凭证的传递是指从原始凭证的填制或取得时开始，经过（　）直到归档保管为止。

A. 填制　　B. 审核

C. 记账　　D. 保管

10. 组织会计凭证的传递应满足以下几方面的要求（　）。

A. 适合本单位经济业务特点

B. 保证会计凭证经过的环节进行了有关处理和审核

C. 适合本单位机构设置、人员分工

D. 避免会计凭证在不必要的环节停留

11. 下列属于外来凭证的有（　）。

A. 购入材料的发票　　B. 出差住宿费收据

C. 银行结算凭证　　D. 收款凭证

12. 下列科目中可能成为银行存款付款凭证借方科目的是（　）。

A. 库存现金　　B. 银行存款

C. 应付账款　　D. 应交税费

E. 销售费用

13. 记账凭证的编号方法有（　）。

A. 顺序编号法　　B. 分类编号法

C. 奇偶数编号法　　D. 任意编号法

14. 正确地组织会计凭证的传递的意义在于（　）。

A. 可以及时地反映和监督经济业务的发生和完成情况

B. 合理有效地组织经济活动

C. 有利于原始凭证的编制

D. 可以加强经济管理责任制

15. 涉及库存现金与银行存款相互划转业务应编制的记账凭证有（　）。

A. 库存现金收款凭证　　B. 库存现金付款凭证

C. 银行存款收款凭证　　D. 银行存款付款凭证

16. 外来原始凭证应该是（　）。

A. 从企业外部取得的　　B. 由企业会计人员填制的

C. 一次凭证　　D. 盖有填制单位公章的

17. 记账凭证应该是（　）。

A. 由经办业务人员填制的　　B. 由会计人员填制的

C. 经济业务发生时填制的　　D. 登记账簿的直接依据

18. 下列凭证中，属于汇总原始凭证的有（　　）。

A. 发料汇总表　　B. 制造费用分配表

C. 发票　　D. 现金收入汇总表

三、判断题

1. 一次凭证是指只反映一项经济业务的凭证，如“领料单”。（　　）

2. 累计凭证是指在一定时期内连续记载若干项同类经济业务，其填制手续是随着经济业务发生而分次完成的凭证，如“限额料单”。（　　）

3. 记账凭证的主要作用在于对原始凭证进行归类、整理，确定应记账户名称、方向和金额，编制会计分录并据以记账。（　　）

4. 记账凭证的填制日期与原始凭证的填制日期应当相同。（　　）

5. 为了简化和便于记账凭证的填制工作，可以先将同类的原始凭证编制原始凭证汇总表，再据以填制记账凭证。（　　）

6. 制造费用分配表属于记账编制凭证。（　　）

7. 原始凭证是登记日记账、明细账的依据。（　　）

8. 采用单式记账凭证，要为经济业务涉及的每一个账户编制一张记账凭证。（　　）

9. 原始凭证不得外借，其他单位如因特殊原因需要使用原始凭证时，经本单位领导批准后，方可外借。（　　）

10. 在一项经济业务中，如果既涉及库存现金和银行存款的收付，又涉及转账业务，应同时填制收（或付）款凭证和转账凭证。（　　）

第二部分　参考答案

一、单项选择题

1.D　2.B　3.B　4.A　5.D　6.B　7.A　8.C　9.C　10.C

11.C　12.A　13.B　14.C　15.D　16.D　17.A　18.B　19.A　20.B

二、多项选择题

1.ABCD　2.ABC　3.ACD　4.ABCD　5.ADE　6.ABC　7.BD

8.CD　9.ABC　10.ABCD　11.AC　12.ACDE　13.AB　14.ABD

15.BD　16.ACD　17.BCD　18.ABD

三、判断题

1.×　2.√　3.√　4.×　5.√　6.√　7.×　8.√　9.×　10.√

第八章　会计账簿

第一部分　练习题

一、单项选择题

1. 从银行提取现金，登记现金日记账的依据是（　　）。

A. 库存现金收款凭证　　B. 银行存款收款凭证

C. 库存现金付款凭证　　D. 银行存款付款凭证

2. 记账后发现记账凭证科目正确，但所记金额大于应记金额，可采用的更正方法是（　　）。

A. 划线更正法　　B. 红字更正法

C. 补充登记法　　D. 平行登记法

3. 用来记录某一特定种类经济业务发生情况的序时账簿是（　　）。

A. 普通日记账　　B. 明细分类账

C. 专栏日记账　　D. 特种日记账

4. “生产成本”明细账应该采用（　　）。

A. 三栏式　　B. 多栏式

C. 数量金额式　　D. 任意格式

5. “应交税费——应交增值税”明细账应采用的格式是（　　）。

A. 借方多栏式　　B. 贷方多栏式

C. 借方贷方多栏式　　D. 三栏式

6. “营业外收入”明细账应采用的格式是（　　）。

A. 三栏式　　B. 多栏式

C. 数量金额式　　D. 任意格式

7. 总分类账与特种日记账的外表形式应该采用（　　）。

A. 活页式　　B. 卡片式

C. 订本式　　D. 任意外表形式

8. 下列科目的明细账格式应采用“借方多栏式”的是（　　）。

A. 营业外收入　　B. 原材料

C. 应交税费　　D. 营业外支出

9. 企业开出转账支票1 690元购买办公用品，编制记账凭证时，误记金额为1 960元，并已记账，应采用的更正方法是（　　）。

A. 补充登记270元　　B. 红字冲销270元

C. 在凭证中划线更正　　D. 把错误凭证撕掉重编

10. 期末根据账簿记录，计算并记录出各账户的本期发生额和期末余额，在会计上叫（　　）。

A. 对账　　B. 结账　　C. 调账　　D. 查账

11. 能够通过试算平衡发现的错误是（　　）。

A. 开出支票1 500元偿还所欠货款，分录为：

借：应付账款　　1 500

　贷：应收账款　　1 500

B. 收回欠款2 400元，分录为：

借：库存现金　　240

　贷：产品销售收入　　240

C. 用库存现金960元购买材料，分录为：

借：在途物资　　960

　贷：库存现金　　690

D. 提取现金2 000元，分录为：

借：银行存款　　2 000

　贷：库存现金　　2 000

12. 多栏式现金日记账属于（　　）。

A. 备查账簿　　B. 分类账簿

C. 序时账簿　　D. 联合账簿

13. 可以作为编制会计报表直接依据的账簿是（　　）。

A. 序时账簿　　B. 备查账簿

C. 分类账簿　　D. 特种日记账

14. 序时账簿按其记录内容的不同可以分为（　　）。

A. 现金日记账和普通日记账　　B. 普通日记账和日记总账

C. 普通日记账和特种日记账　　D. 三栏式日记账和多栏式日记账

15. 总账、明细账都可以采用的格式是（　　）。

A. 三栏式　　B. 二栏式

C. 单栏式　　D. 数量金额式

16. 下列各项不能作为登记总账的根据的是（　　）。

A. 记账凭证　　B. 记账凭证汇总表

C. 原始凭证　　　　　　　　　　D. 汇总记账凭证

17. 总账与明细账之间进行平行登记的原因是总账与明细账的（　）。

A. 格式相同　　　　　　　　　　B. 登记时间相同

C. 反映经济业务内容相同　　　　D. 提供指标详细程度相同

18. 登记明细账的依据（　）。

A. 一定是记账凭证　　　　　　　B. 一定是原始凭证

C. 一定是汇总记账凭证　　　　　D. 一定是记账凭证和原始凭证

19. 对于某些在序时账簿和分类账簿中未能记载的经济业务进行补充登记的账簿是（　）。

A. 序时账簿　　　　　　　　　　B. 分类账簿

C. 联合账簿　　　　　　　　　　D. 备查账簿

20. 将账簿划分为序时账、分类账、备查账和联合账簿的依据是（　）。

A. 账簿的登记方式　　　　　　　B. 账簿的用途

C. 账簿登记的内容　　　　　　　D. 账簿的外表形式

二、多项选择题

1. 设置和登记账簿的意义是（　）。

A. 可以为企业的经济管理提供系统、完整的会计信息

B. 可以为定期编制会计报表提供数据资料

C. 为编制会计分录提供依据

D. 是考核企业经营成果、加强经济核算、分析经济活动情况的重要依据

E. 以上都不对

2. 账簿按用途不同可以分为（　）。

A. 序时账簿　　　　　　　　　　B. 分类账簿

C. 联合账簿　　　　　　　　　　D. 备查账簿

E. 卡片式账簿

3. 明细账的格式有三栏式、多栏式和数量金额式，它们分别适用于（　）。

A. 债权债务明细账　　　　　　　B. 卡片式明细账

C. 收入、费用成本类明细账　　　D. 活页式明细账

E. 材料物资类明细账

4. 总账和明细账之间的登记应该做到（　）。

A. 登记的原始依据相同　　　　　B. 登记的方向相同

C. 登记的金额相等　　　　　　　D. 登记的人员相同

E. 登记的时点相同

5. 对账的内容包括（　）。

A. 账证核对
B. 账表核对
C. 表表核对
D. 账账核对
E. 账实核对

6. 银行存款日记账的登记依据可以是（　　）。

A. 银行存款收款凭证
B. 银行存款付款凭证
C. 转账凭证
D. 现金付款凭证
E. 现金收款凭证

7. 红色墨水可以用来（　　）。

A. 登账
B. 冲销账簿记录
C. 改错
D. 结账划线
E. 专门填写摘要栏

8. 账簿按外表形式可以分为（　　）。

A. 订本式账簿
B. 多栏式账簿
C. 活页式账簿
D. 卡片式账簿
E. 三栏式账簿

9. 多栏式明细账适用于（　　）。

A. 在途物资明细分类核算
B. 其他应收款明细分类核算
C. 营业外支出明细分类核算
D. 生产成本明细分类核算
E. 产品销售收入明细分类核算

10. 序时账簿按其记录业务内容不同可以分为（　　）。

A. 特种日记账
B. 普通日记账
C. 通用日记账
D. 三栏式日记账
E. 多栏式日记账

11. 结账工作主要内容包括（　　）。

A. 核对有关账目
B. 将本期发生的经济业务全部登记入账
C. 按权责发生制原则调整和结转有关账项
D. 对有关业务核算中出现的差错予以更正
E. 计算与记录各账户本期发生额和期末余额

12. 登记会计账簿时（　　）。

A. 一律使用蓝黑墨水钢笔书写
B. 不得使用铅笔或圆珠笔
C. 在某些特定条件下可使用铅笔
D. 在规定范围内可以用红色墨水笔

E. 月末结账数字可用红色墨水笔书写

13. 记账后发现记账凭证中应借、应贷会计科目正确，只是金额发生错误，可用的更正方法有（　）。

A. 划线更正法　　B. 横线登记法

C. 红字更正法　　D. 补充登记法

E. 金额更正法

14. 下列内容可以采用三栏式明细账的有（　）。

A. 其他应付款　　B. 待摊费用

C. 应收账款　　D. 短期借款

E. 在途物资

15. 多栏式明细分类账可以分为（　）。

A. 借方多栏式明细账　　B. 贷方多栏式明细账

C. 借方贷方多栏式明细账　　D. 对方科目多栏式明细账

E. 全部科目多栏式明细账

16. 一般应每年更换的账簿有（　）。

A. 现金日记账　　B. 银行存款日记账

C. 总分类账簿　　D. 所有的明细分类账簿

E. 固定资产卡片账

17. 年度结束后，对于账簿的保管应该做到（　）。

A. 装订成册　　B. 加上封面

C. 统一编号　　D. 当即销毁

E. 归档保管

18. 明细分类账的登记依据可以是（　）。

A. 原始凭证　　B. 汇总原始凭证

C. 记账凭证　　D. 汇总记账凭证

E. 科目汇总表

三、判断题

1. 账簿是按照会计科目开设账户、账页，用来序时地、分类地记录和反映重点经济业务的簿籍。（　）

2. 序时账簿也称日记账，是按照经济业务发生时间的先后顺序，逐日逐笔登记经济业务的账簿。（　）

3. 分类账簿是指对全部经济业务按照收款业务、付款业务和转账业务进行分类登记的账簿。（　）

4. 特种日记账是专门用来记录某一特定项目经济业务发生情况的日记账。

包括现金日记账、固定资产明细账和银行存款日记账。（ ）

5. 总分类账是按照总分类账户和明细分类账户分类登记的账簿。（ ）

6. 订本式账簿是指在记完账后，把记过账的账页装订成册的账簿。（ ）

7. 平行登记是指经济业务发生后，根据会计凭证，一方面要登记有关的总分类账户，另一方面要登记该总分类账户所属的各有关明细分类账户。（ ）

8. 结账是指按规定把一定时期内所发生的经济业务登记入账，并进行账实核对，以保证账簿资料正确性的会计方法。（ ）

9. 对账是对账簿记录进行的核对工作，它包括企业同其他企业相关账簿相核对。（ ）

10. 错账要采用红字冲销法更正。（ ）

四、业务分析题

习题一

目的：三栏式现金日记账的登记练习。

资料：广开公司2011年8月发生如下现金收付业务：

8月1日，经主管财务的副总经理王刚批准，出纳员李云从期初结存的现金3 000元中付给郑宁2 000元，用以赴佛山开纺织品贸易洽谈会。郑宁已填制差旅费借款单，借款单交会计李梅编制现金付款凭证。财务稽核人员张平已对相关单据进行稽核，财务部门负责人为王武。

8月2日，销售处售给大众商场采购员王春佳君牌男、女西服各100套，每套售价300元，增值税税率为17%，价税款全以现金形式收妥。经销售处长赵月批准，销售处李有开出提货单经王春签字提货，李云开给星月公司增值税销货发票一张。将相关单据交会计李梅编制现金收款凭证。财务稽核人员张平已对相关单据进行稽核，仓库保管员为吴常。大众商场的地址为××市人民路23号，联系电话为4710123，税务登记号为№00004589321123，开户银行为工商银行××分行，银行账号为№0034567。广开公司的地址为××市人民路27号，联系电话为4710132，税务登记号为№00004589321145，开户银行为工商银行××分行，银行账号为№0034587。

8月2日下午下班前，李云将超过库存限额的现金69 200元（全为100元券）在填写好现金送存单后送存××市城市商业银行中山支行的0162199950515账号内。

8月3日，李云将相关单据交会计李梅编制现金付款凭证。财务稽核人员张平已对相关单据进行稽核。

8月8日，郑宁出差回来，经王刚批准，共报销差旅费等2 793元（其中：火车票款120元，住宿费1 400元，会务费1 100元，电话费等102元，按财务制度规定，郑宁出差期间应得交通补贴16元，途中伙食补贴20元，住勤伙食补贴35

元）。李云补付现金793元，将相关单据交会计李梅编制现金付款凭证。财务稽核人员张平已对相关单据进行稽核。

8月15日，李云开出现金支票一张（支票号为№0019950518）从××市城市商业银行中山支行的0162199950515账号内提取现金793元，补足库存现金。李云将支票存根交会计李梅编制现金付款凭证。财务稽核人员张平已对相关单据进行稽核。

要求：制作相关原始凭证、记账凭证，并分别登记现金日记账和银行存款日记账，假设现金的期初余额为6 784元，银行存款的期初余额为102 302元。

借 款 单 № 0049770

借款部门： 年 月 日 业务授权人：

人民币（大写）					¥			
用途					财务部门		借款部门	
付款方式		票据号码			负责人		负责人	
收款单位		开户银行			审核		借款人	
		账号			记账		经办人	

付款记账凭证

年 月 日

凭证编号 出纳编号

贷方科目	

摘要	结算方式	票号	借方科目		金额											过账符号
			总账科目	明细科目	亿	千	百	十	万	千	百	十	元	角	分	
附单据	张		合计													

会计主管人员 记账 稽核 制单 出纳 领款人

增值税专用发票

№ 00443811

开票日期：　年　月　日　　　此联不作报销、扣税凭证使用

购货单位				
购货单位	名称		税务登记号	
	地址、电话		开户银行及账号	

货物或应税劳务名称	型号规格	计量单位	数量	单价	金额									税率(%)	税额							
					百	十	万	千	百	十	元	角	分		十	万	千	百	十	元	角	分
合计																						

价税合计	佰　拾　万　仟　佰　拾　元　角　分　　　¥
备注	

销货单位				
销货单位	名称		税务登记号	
	地址、电话		开户银行及账号	

第四联：记账联，销货方作为记账凭证，不作为报销和扣税凭证

摘要	结算方式	票号	贷方科目		金额											过账符号
			总账科目	明细科目	亿	千	百	十	万	千	百	十	元	角	分	
附单据		张	合　计													

会计主管人员　　记账　　稽核　　制单　　出纳　　领款人

广开公司提货单　　　　№ 00995

年　　月　　日

(单位：元)

品名	单位	数量	单价	金额	备注

①存根

批准人　　开票　　保管员　　提货人

付款记账凭证

年　　月　　日

凭证编号　　出纳编号

贷方科目	

摘要	结算方式	票号	借方科目		金额											过账符号
			总账科目	明细科目	亿	千	百	十	万	千	百	十	元	角	分	
附单据		张	合计													

会计主管人员　　记账　　稽核　　制单　　出纳　　领款人

转账记账凭证

年　月　日　　　　凭证编号______

摘要	借方科目		贷方科目		金额											过账符号
	总账科目	明细科目	总账科目	明细科目	亿	千	百	十	万	千	百	十	元	角	分	
附单据	张		合计													

会计主管人员　　　　记账　　　　稽核　　　　制单

××市城市商业银行现金支票存根

支票号码№ 0019950518______

科　　目______

对方科目______

签发日期　　年　　月　　日

收款人：	
金　额：	
用　途：	
备　注：	

本支票付款期十天

单位主管：

会计：

复核：

记账：

开户行名称

××市城市商业银行**现金支票**　签发人账号

签发日期　　年　　月　　日

收款人　　　　支票号码　　　　№ 0019950518

人民币（大写）	千	百	十	万	千	百	十	元	角

用途______

上列款项请从我账户内支付

(银行会计处理项目略)

(请收款人在背面盖章)　签发人盖章

付款记账凭证

年　月　日

凭证编号　　　　出纳编号

贷方科目	

摘要	结算方式	票号	借方科目		金额											过账符号
			总账科目	明细科目	亿	千	百	十	万	千	百	十	元	角	分	
附单据	张		合计													

会计主管人员　　记账　　稽核　　制单　　出纳　　领款人

库存现金日记账

年		凭证号	摘要	对方科目	借方										贷方										核对号	借或贷	余额									
月	日				千	百	十	万	千	百	十	元	角	分	千	百	十	万	千	百	十	元	角	分			千	百	十	万	千	百	十	元	角	分

习题二

目的：多栏式制造费用明细账的登记练习。

资料：飞达公司第一生产车间2011年9月发生如下经济业务：

(1) 经计算，本月应付车间管理人员的工资为27 000元。

(2) 经计算，本月全车间生产用固定资产应计提折旧220 000元。

(3) 经汇总，本月全车间办公费用为3 800元（全为现金支出，原始凭证张数为38）。

(4) 经汇总，本月全车间生产用固定资产的维护费用为4 000元（全为银行存款支出，原始凭证张数为3）。

要求：编制相应的记账凭证，并据以登记多栏式制造费用明细账。

转账记账凭证

年 月 日　　　　凭证编号________

摘要	借方科目		贷方科目		金额											过账符号
	总账科目	明细科目	总账科目	明细科目	亿	千	百	十	万	千	百	十	元	角	分	
附单据		张	合计													

会计主管人员　　　　记账　　　　稽核　　　　制单

转账记账凭证

年 月 日　　　　凭证编号________

摘要	借方科目		贷方科目		金额											过账符号
	总账科目	明细科目	总账科目	明细科目	亿	千	百	十	万	千	百	十	元	角	分	
附单据		张	合计													

会计主管人员　　　　记账　　　　稽核　　　　制单

付款记账凭证

年　　月　　日

凭证编号　　　　　出纳编号

贷方科目	

摘要	结算方式	票号	借方科目		金额											过账符号
			总账科目	明细科目	亿	千	百	十	万	千	百	十	元	角	分	
附单据　　张			合计													

会计主管人员　　记账　　稽核　　制单　　出纳　　领款人

付款记账凭证

年　　月　　日

凭证编号　　　　　出纳编号

贷方科目	

摘要	结算方式	票号	借方科目		金额											过账符号
			总账科目	明细科目	亿	千	百	十	万	千	百	十	元	角	分	
附单据　　张			合计													

会计主管人员　　记账　　稽核　　制单　　出纳　　领款人

制造费用明细账

年		凭证号	摘要	工资								折旧费								办公费								维护费								…	合计							
月	日			十	万	千	百	十	元	角	分	十	万	千	百	十	元	角	分	十	万	千	百	十	元	角	分	十	万	千	百	十	元	角	分		十	万	千	百	十	元	角	分

习题三

目的：错账查找练习。

资料：

(1) 飞达公司2011年9月末在试算平衡中发现应收账款总账和明细账余额不符，其总账和明细账相关资料如下：

应收账款总账

2011年		凭证号	摘要	借方										贷方										核对号	借或贷	余额									
月	日			千	百	十	万	千	百	十	元	角	分	千	百	十	万	千	百	十	元	角	分			千	百	十	万	千	百	十	元	角	分
9	1		期初余额																					略	借			3	2	1	6	2	7	2	2
⋮	⋮	⋮	⋮	⋮	⋮	⋮	⋮	⋮	⋮	⋮	⋮	⋮	⋮	⋮	⋮	⋮	⋮	⋮	⋮	⋮	⋮	⋮	⋮	⋮	⋮	⋮	⋮	⋮	⋮	⋮	⋮	⋮	⋮	⋮	⋮
9	30		本月合计			7	6	2	1	0	2	6	7			8	7	7	6	5	6	3	2		借			2	0	6	0	7	3	5	7

债务人：万佳公司

应收账款明细账

2011年		凭证号	摘要	借方										贷方										核对号	借或贷	余额									
月	日			千	百	十	万	千	百	十	元	角	分	千	百	十	万	千	百	十	元	角	分			千	百	十	万	千	百	十	元	角	分
9	1		期初余额																					略	借				5	0	0	0	0	0	0
	9	略	销售乙产品货款			7	6	1	2	0	2	6	7																						
	27		收回乙产品货款													7	7	7	6	5	6	3	2												
9	30		本月合计			7	6	1	2	0	2	6	7			7	7	7	6	5	6	3	2		借				3	3	5	4	6	3	5

债务人：粤海公司

应收账款明细账

2011年		凭证号	摘要	借方										贷方										核对号	借或贷	余额									
月	日			千	百	十	万	千	百	十	元	角	分	千	百	十	万	千	百	十	元	角	分			千	百	十	万	千	百	十	元	角	分
9	1		期初余额																					略	借			2	7	1	6	2	7	2	2
	27	略	收回甲产品货款													1	0	0	0	0	0	0	0												
9	30		本月合计													1	0	0	0	0	0	0	0		借			1	7	1	6	2	7	2	2

(2) 根据总账、明细账本期发生额及余额对照表（已简化），相关资料如下：

账簿种类	期初余额	本期借方发生额	本期贷方发生额	期末余额
总账	321 627.22	762 102.67	877 656.32	206 073.57
明细账	321 627.22	761 202.67	877 656.32	205 173.57

要求：

根据学过的方法寻找错账。

五、案例题

案例一：现金日记账的登记

分析思路：现金是企业最重要的资产，也是企业流动性和支付能力最好的资产。记录现金的增减变动情况及其结果，保证现金的安全完整，提供现金收支及其结果方面的会计信息，是会计核算的重要任务之一。在手工会计条件下，现金日记账是记录现金增减变动及其结果的最重要载体。因此，运用现金日记账全面、连续、系统、真实地反映现金收支业务有很重要的现实意义。

现金日记账的登记依据，是经过审核无误的现金收、付款记账凭证。现金收、付款转账凭证的编制依据，是经审核无误的涉及现金收、付业务的相关原始凭证。现金收、付业务的账务处理程序是：在经济业务发生或完成时，由经济业务的当事人取得或填制相关原始凭证，经相关性的稽核人员稽核无误后交相关性会计人员编制现金收、付款记账凭证，经记账凭证审核人员审核无误后，交由出纳（或其他会计人员）登记现金日记账。在每日终了，出纳要结出现金日记账的账面余额，并同库存的现金实有数目相核对，做到日清月结。

案例内容：

新飞公司新聘用大学会计专业本科毕业生徐佳做财务工作，公司为了全面培养徐佳，决定让他从出纳员做起，徐佳是一个自视颇高之人，他决心用自己在学校中学到的知识，结合自己的心得，高效处理现金相关业务。从2011年9月1日开始，徐佳接手出纳工作。新飞公司的内部控制制度规定，现金的收、付款原始凭证经相关人员审核后交出纳编制记账凭证，并登记现金日记账。企业财务负责人为刘海，卸任出纳员为谢红。

新飞公司2011年9月1日到6日，发生现金收、付业务如下：

9月1日，库存现金告罄，徐佳开出金额为7 000元的现金支票一张，从开户行市工商银行中山支行A000678910账号中提取现金7 000元，存入公司金库。

9月2日，公司办公室领取交际应酬库存现金5 000元。

9月3日，公司销售商品一批，取得销售款20 000元，其中18 000元为转账支票，2 000元为库存现金，现金已交徐佳存入公司金库，转账支票也由徐佳存入市工商银行中山支行A000678910账号中。假定该销售业务是免税业务。

9月5日，公司销售处人员赴外地洽谈业务，借取现金4 000元，徐佳用库存现金支付。

根据上述业务，徐佳在取得相关经审核的原始凭证后，做记账凭证和登记现金日记账如下：

收款记账凭证

2011年9月1日

凭证编号　略　出纳编号　略

借方科目	库存现金

摘要	结算方式	票号	贷方科目		金额											过账符号
			总账科目	明细科目	亿	千	百	十	万	千	百	十	元	角	分	
提取现金		略	银行存款						¥	7	0	0	0	0	0	√
附单据	壹张		合计						¥	7	0	0	0	0	0	

会计主管人员××　记账××　稽核××　制单××　出纳 徐佳　交款人××

付款记账凭证

2011年9月2日

凭证编号　略　出纳编号　略

贷方科目	库存现金

摘要	结算方式	票号	借方科目		金额											过账符号
			总账科目	明细科目	亿	千	百	十	万	千	百	十	元	角	分	
办公室领取现金			管理费用	交际应酬费					¥	5	0	0	0	0	0	√
附单据	张		合计						¥	5	0	0	0	0	0	

会计主管人员××　记账××　稽核××　制单××　出纳 徐佳　领款人××

收款记账凭证

2011年9月3日

凭证编号　略　出纳编号　略

借方科目	库存现金

摘要	结算方式	票号	贷方科目		金额											过账符号
			总账科目	明细科目	亿	千	百	十	万	千	百	十	元	角	分	
收到货款		略	主营业务收入	××商品					¥	2	0	0	0	0	0	√
附单据	壹张		合计						¥	2	0	0	0	0	0	

会计主管人员××　记账××　稽核××　制单××　出纳 徐佳　交款人××

转账记账凭证

2011年9月3日　　　　凭证编号　略

摘要	借方科目		贷方科目		金额											过账符号
	总账科目	明细科目	总账科目	明细科目	亿	千	百	十	万	千	百	十	元	角	分	
收到货款	银行存款							¥	1	8	0	0	0	0	0	√
			主营业务收入	××商品				¥	1	8	0	0	0	0	0	
附单据		张	合计					¥	1	8	0	0	0	0	0	

会计主管人员××　　记账××　　稽核××　　制单××

付款记账凭证

2011年9月5日

凭证编号　略　　出纳编号　略

贷方科目	库存现金

摘要	结算方式	票号	借方科目		金额											过账符号
			总账科目	明细科目	亿	千	百	十	万	千	百	十	元	角	分	
销售处借款			销售费用	销售处					¥	4	0	0	0	0	0	√
附单据	壹张		合计						¥	4	0	0	0	0	0	

会计主管人员××　　记账××　　稽核××　　制单××　　出纳 徐佳　　领款人××

库存现金日记账

2011年		凭证号	摘要	对方科目	借方										贷方										核对号	借或贷	余额									
月	日				千	百	十	万	千	百	十	元	角	分	千	百	十	万	千	百	十	元	角	分			千	百	十	万	千	百	十	元	角	分
9	1	略	期初余额																							平								θ		
	1	略	略	银行存款				¥	7	0	0	0	0	0												借				¥	7	0	0	0	0	0
	2	略	略	管理费用														¥	5	0	0	0	0	0		借				¥	2	0	0	0	0	0
	3	略	略	主营业务收入				¥	2	0	0	0	0	0												借				¥	4	0	0	0	0	0
	5	略	略	销售费用														¥	4	0	0	0	0	0		平								θ		

案例要求：

指出徐佳会计处理的不当之处，并加以纠正。

案例二：账簿运用的相关处理练习

分析思路：在手工会计条件下，账簿是会计数据的储存转换器，也是实现内部控制、明确经济责任的重要工具。账簿的运用分为启用、日常登记、错账更改、对账、结账、交接诸环节。要使账簿能够及时、有效地提供有用的会计信息，明确相关经济责任，发挥内部控制制度的效用，就必须加强账簿的启用、日常登记、错账更改、对账、结账、交接诸环节。正确填写或登记从账簿封面、扉页到账页的全部内容，及时进行对账、更改错账和结账，在记账人员更换时，要按相关要求办理相关的财物和账簿交接手续，在盘存相关财物后，填制财物交接清册，并在相关账簿的扉页上详尽记录相关交接内容，履行相关交接手续。

案例内容：

2011年12月7日，徐佳在新飞公司做了三个月的出纳工作之后，有关领导令其离开出纳岗位，接任材料会计工作，新接任出纳工作的是彭小江，前任材料会计为王丹。徐佳和王丹对各自的旧工作作了他们认为必要的处理，并办理了交接手续，办理完交接手续后现金日记账和材料明细账的扉页及相关账页资料如下：

账簿使用登记表

单位名称	新飞公司			
账簿名称	现金日记账			
册次及起讫页数	自壹页起至壹佰页止共壹佰页			
启用日期	2011 年 1 月 1 日			
停用日期	年 月 日			
经管人员姓名	接管日期	交出日期	经管人员盖章	会计主管人员盖章
徐佳	2011 年 9 月 1 日	2011 年 12 月 7 日	徐佳、彭小江	刘海
	年 月 日	年 月 日		
	年 月 日	年 月 日		
	年 月 日	年 月 日		
	年 月 日	年 月 日		
	年 月 日	年 月 日		
备考			单位公章	新飞公司 财务专用章

账簿使用登记表

单位名称	新飞公司			
账簿名称	原材料明细账			
册次及起讫页数	自壹页起至　　页止共　　页			
启用日期	2011 年 1 月 1 日			
停用日期	年　月　日			
经管人员姓名	接管日期	交出日期	经管人员盖章	会计主管人员盖章
王丹	2011 年 3 月 5 日	2011 年 12 月 7 日	王丹	刘海
徐佳	2011 年 12 月 7 日	2011 年 12 月 31 日	徐佳	刘海
	年　月　日	年　月　日		
	年　月　日	年　月　日		
	年　月　日	年　月　日		
	年　月　日	年　月　日		
备考			单位公章	

库存现金日记账

2011年		凭证号	摘要	对方科目	借方										贷方										核对号	借或贷	余额									
月	日				千	百	十	万	千	百	十	元	角	分	千	百	十	万	千	百	十	元	角	分			千	百	十	万	千	百	十	元	角	分
9	1	略	期初余额																							借				¥	5	0	0	0	0	0
9	2	略	零星销售	主营业务收入				¥	8	0	0	0	0	0															¥	1	3	0	0	0	0	0
9	12	略	报差旅费	管理费用														¥	5	0	0	0	0	0						¥	8	0	0	0	0	0
9	13	略	略	主营业务收入				¥	5	0	0	0	0	0														¥	1	3	0	0	0	0	0	0
9	13	略	略	销售费用														¥	4	0	0	0	0	0					¥	9	0	0	0	0	0	0

第二部分　参考答案

一、单项选择题

1. D　2. B　3. D　4. B　5. C　6. B　7. C　8. D　9. B　10. B
11. C　12. C　13. C　14. C　15. A　16. C　17. C　18. D　19. D　20. B

二、多项选择题

1. ABD　2. ABCD　3. ACE　4. ABC　5. ADE　6. ABD　7. BCD　8. ACD
9. CDE　10. AB　11. BCE　12. ABD　13. CD　14. ACD　15. ABC　16. ABCD
17. ABCE　18. ABC

三、判断题

1. ×　2. √　3. ×　4. ×　5. ×　6. ×　7. √　8. ×　9. √　10. ×

四、业务分析题

习题一：

借款单　　　　№ 0049770

借款部门：供应处　　　　2011 年8 月 1 日　　　　业务授权人：王刚

<table>
<tr><td colspan="6">人民币（大写）贰仟元整　　　　¥2 000. 00</td><td colspan="4"></td></tr>
<tr><td>用途</td><td colspan="5">开会</td><td colspan="2">财务部门</td><td colspan="2">借款部门</td></tr>
<tr><td>付款方式</td><td>现金</td><td>票据号码</td><td colspan="3"></td><td>负责人</td><td>王武</td><td>负责人</td><td>郑宁</td></tr>
<tr><td rowspan="2">收款单位</td><td rowspan="2"></td><td>开户银行</td><td></td><td colspan="2"></td><td>审核</td><td>张平</td><td>借款人</td><td>郑宁</td></tr>
<tr><td>账号</td><td></td><td colspan="2"></td><td>记账</td><td>李梅</td><td>经办人</td><td>郑宁</td></tr>
</table>

付款记账凭证

2011年8月1日

凭证编号现付字第0011号　出纳编号0015

贷方科目	库存现金

摘要	结算方式	票号	借方科目		金额											过账符号
			总账科目	明细科目	亿	千	百	十	万	千	百	十	元	角	分	
出差借款	现金		其他应收款	郑宁					¥	2	0	0	0	0	0	√
附单据	壹张		合计						¥	2	0	0	0	0	0	

会计主管人员 王武　记账 李梅　稽核 张平　制单 李梅　出纳 李云　领款人 郑宁

广开公司提货单

№00995

2011 年 8 月 2 日　(单位：元)

品名	单位	数量	单价	金额	备注
佳君牌男西服	大众商场	100	300	30 000	
佳君牌女西服	大众商场	100	300	30 000	
合计				60 000	

①存根

批准人 赵月　开票 李云　保管员 吴常　提货人 王春

增值税专用发票　　　　№ 00443811

开票日期：2011年8月2日

购货单位	名称	大众商场	税务登记号	№ 0 0 0 0 4 5 8 9 3 2 1 1 2 3
	地址、电话	××市人民路23号，4710123	开户银行及账号	工商银行××分行№0034567

货物或应税劳务名称	型号规格	计量单位	数量	单价	金额									税率(%)	税额							
					百	十	万	千	百	十	元	角	分		十	万	千	百	十	元	角	分
服装	西服	套	200	300		¥	6	0	0	0	0	0	0		¥	1	0	2	0	0	0	0
合计						¥	6	0	0	0	0	0	0		¥	1	0	2	0	0	0	0

价税合计	佰　拾柒万零仟贰佰零拾零元零角零分	¥ 70 200
备注		

销货单位	名称	广开公司	税务登记号	№ 0 0 0 0 4 5 8 9 3 2 1 1 4 5
	地址、电话	××市人民路27号，4710132	开户银行及账号	工商银行××分行№003457

摘要	结算方式	票号	贷方科目		金额											过账符号
			总账科目	明细科目	亿	千	百	十	万	千	百	十	元	角	分	
售货	现金		主营业务收入	佳君牌西服				¥	6	0	0	0	0	0	0	
			应交税费	销项税额				¥	1	0	2	0	0	0	0	
附单据	贰张		合计					¥	7	0	2	0	0	0	0	

会计主管人员 王武　记账 李梅　稽核 张平　制单 李梅　出纳 李云　交款人 王春

第四联：记账联，销货方作为记账凭证，不作为报销和扣税凭证

付款记账凭证

2011 年 8 月 3 日　　凭证编号现付字第 0012 号　出纳编号 0018

贷方科目	库存现金

摘要	结算方式	票号	借方科目		金额											过账符号
			总账科目	明细科目	亿	千	百	十	万	千	百	十	元	角	分	
存现金			银行存款					¥	6	9	2	0	0	0	0	√
附单据		壹张	合计					¥	6	9	2	0	0	0	0	

会计主管人员 王武　记账 李梅　稽核 张平　制单 李梅　出纳 李云　领款人 王春

公出差旅费报销单（略）

转账记账凭证

2011 年 8 月 8 日　　凭证编号转字第 0017 号

摘要	借方科目		贷方科目		金额											过账符号
	总账科目	明细科目	总账科目	明细科目	亿	千	百	十	万	千	百	十	元	角	分	
报销差旅费	管理费用	差旅费							¥	2	0	0	0	0	0	√
			其他应收款	郑宁					¥	2	0	0	0	0	0	√
附单据	壹张		合计						¥	2	0	0	0	0	0	

会计主管人员 王武　记账 李梅　稽核 张平　制单 李梅

××市城市商业银行现金支票存根
支票号码 A№ 0019950518
科　　目 银行存款
对方科目 库存现金
签发日期 2011 年 8 月 15 日

收款人：
金　额：793
用　途：备用金
备　注：

本支票付款期十天
单位主管：王刚
会　计：李梅
复　核：张平
记　账：李梅

开户行名称
××市城市商业银行**现金支票**　签发人账号
签发日期贰零壹壹年捌月拾伍日
收款人 广开公司　　支票号码 № 0019950518

人民币	千	百	十	万	千	百	十	元	角	分
（大写）柒佰玖拾叁元整					¥	7	9	3	0	0

用途 备用金
上列款项请从我账户内支付
（银行会计处理项目略）
（请收款人在背面盖章）签发人盖章

付款记账凭证

2012 年 8 月 8 日　　凭证编号现付字第 0013 号　出纳编号 0019

贷方科目	库存现金

摘要	结算方式	票号	借方科目		金额											过账符号
			总账科目	明细科目	亿	千	百	十	万	千	百	十	元	角	分	
补付差旅费			管理费用	差旅费						¥	7	9	3	0	0	√
附单据壹张			合计							¥	7	9	3	0	0	

会计主管人员 王武　记账 李梅　稽核 张平　制单 李梅　出纳 李云　领款人 王春

公出差旅费报销单（略）

付款记账凭证

2011年8月8日　　凭证编号银付字第 0019 号出纳编号 0019

贷方科目	银行存款

摘要	结算方式	票号	借方科目		金额											过账符号
			总账科目	明细科目	亿	千	百	十	万	千	百	十	元	角	分	
提备用金	支票	0518	库存现金							¥	7	9	3	0	0	√
附单据		张	合计							¥	7	9	3	0	0	

会计主管人员 王武　记账 李梅　稽核 张平　制单 李梅　出纳 李云　领款人 王春

库存现金日记账

2011年		凭证号	摘要	对方科目	借方										贷方										核对号	借或贷	余额									
月	日				千	百	十	万	千	百	十	元	角	分	千	百	十	万	千	百	十	元	角	分			千	百	十	万	千	百	十	元	角	分
8	1		期初余额																											¥	6	7	8	4	0	0
	1	略	借差旅费	略														¥	2	0	0	0	0	0						¥	4	7	8	4	0	0
	2		销售服装	略				¥	7	0	2	0	0	0	0														¥	7	4	9	8	4	0	0
	2		存现金	略													¥	6	9	2	0	0	0	0						¥	5	7	8	4	0	0
	8		补付差旅费	略															¥	7	9	3	0	0						¥	4	9	9	1	0	0
	15		提现金	略					¥	7	9	3	0	0																¥	5	7	8	4	0	0

习题二

转账记账凭证

2011 年 9 月 30 日　　　　凭证编号转字第 00227 号

摘要	借方科目		贷方科目		金额											过账符号
	总账科目	明细科目	总账科目	明细科目	亿	千	百	十	万	千	百	十	元	角	分	
计提工资	制造费用	工资						¥	2	7	0	0	0	0	0	√
			应付职工薪酬	车间管理人员				¥	2	7	0	0	0	0	0	√
附单据	壹张		合计					¥	2	7	0	0	0	0	0	

会计主管人员 ××　　记账 ××　　稽核 ××　　制单 ××

转账记账凭证

2011年9月30日　　　　凭证编号　转字第00228号

摘要	借方科目		贷方科目		金额											过账符号
	总账科目	明细科目	总账科目	明细科目	亿	千	百	十	万	千	百	十	元	角	分	
计提折旧	制造费用	折旧					¥	2	2	0	0	0	0	0	0	√
			累计折旧				¥	2	2	0	0	0	0	0	0	√
附单据	叁张		合计				¥	2	2	0	0	0	0	0	0	

会计主管人员 ××　　记账 ××　　稽核 ××　　制单 ××

付款记账凭证

2011年9月30日

凭证编号银付字第 0023 号　出纳编号 722

贷方科目	库存现金

摘要	结算方式	票号	借方科目		金额											过账符号
			总账科目	明细科目	亿	千	百	十	万	千	百	十	元	角	分	
车间办公费	现金	略	制造费用	办公费					¥	3	8	0	0	0	0	√
附单据	叁拾捌张		合计						¥	3	8	0	0	0	0	

会计主管人员××　记账 ××　稽核 ××　制单××　出纳 ××　领款人××

付款记账凭证

2011年9月30日

凭证编号银付字第 0024 号　出纳编号 723

贷方科目	银行存款

摘要	结算方式	票号	借方科目		金额											过账符号
			总账科目	明细科目	亿	千	百	十	万	千	百	十	元	角	分	
固定资产维护费	支票	略	制造费用	修理费					¥	4	0	0	0	0	0	√
附单据	叁张		合计						¥	4	0	0	0	0	0	

会计主管人员××　记账 ××　稽核 ××　制单××　出纳 ××　领款人××

制造费用明细账

2011年		凭证号	摘要	工资								折旧费								办公费								维护费								…	合计							
月	日			十	万	千	百	十	元	角	分	十	万	千	百	十	元	角	分	十	万	千	百	十	元	角	分	十	万	千	百	十	元	角	分		十	万	千	百	十	元	角	分
9	30	略	略	¥	2	7	0	0	0	0	0																										¥	2	7	0	0	0	0	0
	30	略	略									2	2	0	0	0	0	0	0																		2	2	0	0	0	0	0	0
	30	略	略																		¥	3	8	0	0	0	0											¥	3	8	0	0	0	0
	30	略	略																										¥	4	0	0	0	0	0			¥	4	0	0	0	0	0

习题三

经查对，总账的本期借方发生额之和为762 102. 67元，各明细账的借方发生额之和为761 202. 67元，两者相差900元。首先检查借、贷方是否有一方漏记，经查，无漏记借、贷某一方造成错账。再将900除以2，看是否有金额为450元的账项重记，经查，本月共有金额为450元的账项12笔，但无错账。由于900可以被9整除，在排除了上述两种错账的可能性后，应检查是否有账簿登记中有数码首尾颠倒的现象。本企业采用的是记账凭证核算组织程序，经查，在根据记账凭证登记应收账款总账时，将记账凭证上的金额761 202. 67元，误登为762 102. 67元。

五、案例题

案例一

错误1：徐佳应同谢红在相关人员的监督下办理现金日记账、银行存款日记账、货币资金、其他有价证券和单据保管的交接手续，谢红在离任之前，应结出现金日记账和银行存款日记账交出当日的结余额，清点库存现金和其他有价证券的余额，整理有关单据（如空白支票、发票等）并由徐佳核对交接，做好交接和监交记录。这些徐佳在接任时都没有进行，是不对的。

错误2：从开户行市工商银行中山支行A000678910账号中提取现金7 000元，存入公司金库。应做银行存款的付款凭证，而不是做现金的收款凭证，由于徐佳的处理并不影响会计信息的客观性，因此从重要性出发，可不作更改，但以后不能这样处理了。

错误3：公司办公室领取交际应酬备用金5 000元，应作其他应收款处理，报销前不能列作管理费用。应作如下更正：先做一张同样的红字分录凭证，冲销原先的错账，再做一张正确的分录凭证。

付款记账凭证

2011年9月2日

凭证编号　略　出纳编号　略

贷方科目	库存现金

摘要	结算方式	票号	借方科目		金额											过账符号
			总账科目	明细科目	亿	千	百	十	万	千	百	十	元	角	分	
更正××号凭证			管理费用	交际应酬费					¥	5	0	0	0	0	0	√
附单据	壹张		合计						¥	5	0	0	0	0	0	

会计主管人员××　记账××　稽核××　制单××　出纳 徐佳　领款人××

付款记账凭证

2011年9月2日

凭证编号　略　出纳编号　略

贷方科目	库存现金

摘要	结算方式	票号	借方科目		金额											过账符号
			总账科目	明细科目	亿	千	百	十	万	千	百	十	元	角	分	
更正××号凭证			其他应收款	备用金					¥	5	0	0	0	0	0	√
附单据　　张			合　计						¥	5	0	0	0	0	0	

会计主管人员××　记账××　稽核××　制单××　出纳 徐佳　领款人××

错误4：公司销售商品一批，取得销售款20 000元，其中18 000元为转账支票，2 000元为现金，现金已交徐佳存入公司金库，转账支票也由徐佳存入市工商银行中山支行A000678910账号中。此为收款业务，但徐佳人为地将收款业务拆分为二，一部分做了收款凭证，一部分做了转账凭证，这是不对的，应均做成收款凭证。由于徐佳的处理并不影响会计信息的客观性，因此从重要性出发，可不作更改，但以后不能这样处理了。

错误5：到9月5日，企业从银行提取的库存现金只剩下2 000元，公司销售处人员赴外地洽谈业务，借现金4 000元，徐佳用库存现金支付，其中的2 000元现金系销售货款，应先存入银行，然后从银行提取现金，这样有利于现金流通的安全，也有利于对现金流通的监督，徐佳的做法违反了中国人民银行关于现金的有关规定，坐支了现金，但性质属于失误，且情节轻微，以后不再犯则可。

库存现金日记账

2011年		凭证号	摘要	对方科目	借方										贷方										核对号	借或贷	余额									
月	日				千	百	十	万	千	百	十	元	角	分	千	百	十	万	千	百	十	元	角	分			千	百	十	万	千	百	十	元	角	分
9	1	略	期初余额																							平								θ		
	1	略	略	银行存款					7	0	0	0	0	0												借					7	0	0	0	0	0
	2	略	略	管理费用															5	0	0	0	0	0		借					2	0	0	0	0	0
	2	略	略	管理费用															[5]	[0]	[0]	[0]	[0]	[0]		借					7	0	0	0	0	0
	2	略	略	其他应收款															5	0	0	0	0	0		借					2	0	0	0	0	0
	3	略	略	主营业务收入					2	0	0	0	0	0												借					4	0	0	0	0	0
	5	略	略	销售费用															4	0	0	0	0	0		平								θ		
			本月合计（略）																																	

案例二

错误1：徐佳是9月1日接任出纳工作的，但在现金日记账的扉页中没有徐佳接任出纳工作前的相关记录及徐佳接任时的账簿交接记录。

错误2：在原材料明细账的扉页中，王丹接管前的账簿使用人与接管日不明，徐佳交出日期为12月31日不一定正确，12月31日尚没有到，12月31日会计主管人员刘海的监交记录不应该有。

错误3：在现金日记账中，9月1日的现金结余数是5 000元，在12日报销差旅费时全部支出，从9月1日到13日，企业没有从银行提取现金，但13日又从企业金库支付现金4 000元，徐佳至少坐支现金4 000元，违反了有关现金管理规定。

第九章 财产清查

第一部分 练习题

一、单项选择题

1. 对财产物资的收发都有严密的手续，且在账簿中有连续的记载便于确定结存灵敏度的制度是（ ）。

A. 实地盘存制　　B. 权责发生制

C. 永续盘存制　　D. 收付实现制

2. 对于盘盈的固定资产的净值应贷记的会计科目是（ ）。

A. 以前年度损益调整　　B. 营业外支出

C. 管理费用　　D. 待处理财产损溢

3. 采用备抵法时，企业对于无法收回的应收账款应借记的会计科目是（ ）。

A. 财务费用　　B. 营业外支出

C. 待处理财产损溢　　D. 坏账准备

4.“待处理财产损溢”账户期末（ ）。

A. 余额在借方　　B. 余额在贷方

C. 一般没有余额　　D. 可能在借方，也可能在贷方

5. 采用实地盘存制，平时账簿记录中不能反映（ ）。

A. 财产物资的购进业务　　B. 财产物资的减少数额

C. 财产物资的增加和减少数额　　D. 财产物资的盘盈数额

6. 核销存货的盘盈时，应贷记的会计科目是（ ）。

A. 管理费用　　B. 营业外收入

C. 待处理财产损溢　　D. 其他业务收入

7. 对债权债务的清查应采用的方法是（ ）。

A. 询证核对法　　B. 实地盘点法

C. 技术推算盘点法　　D. 抽样盘点法

8. 简化盘存制的优点是（ ）。

A. 简化了存货的日常核算工作　　B. 有利于加强存货的日常管理

C. 省去了记录存货发出的经济业务

D. 在品种规格多的企业存货明细工作量小

9. 库存现金清查的方法是（　　）。

A. 技术测算法　　B. 实地盘点法

C. 外调核对法　　D. 与银行对账单相核对

10. 实地盘存制与永续盘存制的主要区别是（　　）。

A. 盘点的方法不同　　B. 盘点的目标不同

C. 盘点的工具不同　　D. 盘点的结果处理不同

11. 一般而言，单位撤销、合并时，要进行（　　）。

A. 定期清查　　B. 全面清查

C. 局部清查　　D. 实地清查

12. 对于库存现金的清查，应将其结果及时填列（　　）。

A. 盘存单　　B. 实存账存对比表

C. 库存现金盘点报告表　　D. 对账单

13. 银行存款清查的方法是（　　）。

A. 日记账与总分类账核对　　B. 日记账与收付款凭证核对

C. 日记账与对账单核对　　D. 总分类账和收付款凭证核对

14. 对于大量成堆难以清点的财产物资，应采用的清查方法是（　　）。

A. 实地盘点法　　B. 抽样盘点法

C. 查询核对法　　D. 技术推算盘点法

15. 在记账无误的情况下，造成银行对账单和银行存款日记账不一致的原因是（　　）。

A. 应付账款　　B. 应收账款

C. 未达账项　　D. 外埠存款

16. 实存账存对比表是调整账面记录的（　　）。

A. 记账凭证　　B. 转账凭证

C. 原始凭证　　D. 累计凭证

17. 下列项目的清查应采用询证核对法的是（　　）。

A. 原材料　　B. 应付账款

C. 实收资本　　D. 交易性金融资产

18. 对于盘亏的固定资产，按规定程序批准后，应按盘亏固定资产的净值借记的会计科目是（　　）。

A. 待处理财产损溢　　B. 营业外支出

C. 累计折旧　　D. 固定资产清理

19. “银行存款余额调节表”应由（ ）编制。

A. 出纳员　　B. 统计员

C. 业务员　　D. 出纳员以外的会计人员

20. 对固定资产的清查，一般采用（ ）。

A. 局部盘点法　　B. 询证核对法

C. 全面盘点法　　D. 外部清查法

二、多项选择题

1. 核对账目法适用于（ ）。

A. 固定资产的清查　　B. 库存现金的清查

C. 银行存款的清查　　D. 短期借款的清查

E. 预付账款的清查

2. 进行财产清查的作用是（ ）。

A. 便于宏观管理

B. 提高各项财产物资的安全完整

C. 提高会计资料的质量，保证其真实可靠

D. 有利于改善企业经营管理，挖掘财产物资潜力

E. 有利于准确地编制收付款凭证

3. 全面清查的对象包括（ ）。

A. 货币资金　　B. 各种实物资产

C. 往来款项　　D. 在途材料、商品

E. 委托加工、保管的物资

4. 编制“银行存款余额调节表”时，计算调节后的余额应以企业银行存款日记账余额（ ）。

A. 加企业未入账的收入款项　　B. 加银行未入账的收入款项

C. 加双方都未入账的收入款项　　D. 加企业未入账的支出款项

E. 减企业未入账的支出款项

5. 财产清查结果的处理步骤是（ ）。

A. 核准数字，查明原因　　B. 调整凭证，做到账实相符

C. 调整账簿，做到账实相符　　D. 进行批准后的账务处理

E. 销毁账簿资料

6. 对于盘亏的财产物资，经批准后进行账务处理，可能涉及的借方账户有（ ）。

A. 管理费用　　B. 营业外支出

C. 营业外收入　　D. 其他应收款

E. 待处理财产损溢

7. 进行不定期清查的情况有（　　）。

A. 更换财产和库存现金保管人员时

B. 发生自然灾害和意外损失时

C. 会计主体发生改变或隶属关系变动时

D. 财税部门对本单位进行会计检查时

E. 企业关停并转、清产核资、破产清算时

8. 下列可用作原始凭证，调整账簿记录的有（　　）。

A. 实存账存对比表　　B. 未达账项登记表

C. 库存现金盘点报告表　　D. 银行存款余额调节表

E. 结算款项核对登记表

9. 实存账存对比表是（　　）。

A. 财产清查的重要报表　　B. 会计账簿的重要组成部分

C. 调整账簿的原始凭证　　D. 资产负债表的附表之一

E. 分析盈亏原因、明确经济责任的重要依据

10. 关于财产清查的种类，可以按照（　　）标准划分。

A. 清查范围的不同　　B. 清查的时间不同

C. 清查执行单位的不同　　D. 组织形式的不同

E. 业务准备的不同

11. 导致企业银行存款日记账余额大于银行对账单余额的未达账项是（　　）。

A. 企业先收款记账而银行未收款未记账的款项

B. 银行先收款记账而企业未收款未记账的款项

C. 企业和银行同时收款的款项

D. 银行先付款记账而企业未付款未记账的款项

E. 企业先付款记账而银行未付款未记账的款项

12. 财产物资的盘存制度有（　　）。

A. 收付实现制　　B. 权责发生制

C. 永续盘存制　　D. 实地盘存制

E. 岗位责任制

13. 财产清查按照清查的时间可分为（　　）。

A. 全面清查　　B. 局部清查

C. 定期清查　　D. 不定期清查

E. 内部清查

14. 企业进行全部清查主要发生的情况有（　　）。

A. 年终决算时　　B. 清查核资时

C. 关停并转时　　D. 更换库存现金出纳时

E. 单位主要负责人调离时

15. 财产清查按照清查的执行单位不同，可分为（　　）。

A. 内部清查　　B. 局部清查

C. 定期清查　　D. 不定期清查

E. 外部清查

16.“银行存款余额调节表”是（　　）。

A. 原始凭证　　B. 盘存表的表现形式

C. 只起到对账作用　　D. 银行存款清查的方法

E. 调整账面记录的原始依据

17. 常用的实物财产清查方法包括（　　）。

A. 实地盘点法　　B. 技术推算法

C. 函证核对法　　D. 抽样盘点法

E. 永续盘存法

18. 按清查范围不同，可将财产清查分为（　　）。

A. 全面清查　　B. 局部清查

C. 定期清查　　D. 内部清查

E. 外部清查

19. 采用实地盘点法进行清查的项目有（　　）。

A. 固定资产　　B. 产成品

C. 银行存款　　D. 往来款项

E. 库存现金

20. 定期清查的时间一般是（　　）。

A. 年末　　B. 单位合并

C. 中外合资时　　D. 季末

E. 月末

三、判断题

1. 财产清查是会计核算方法之一，其清查主体只能是会计人员（含出纳员）。（　　）

2. 一般而言，编制年度财务报表之前必须先进行财产清查。（　　）

3. 会计部门要在财产清查之前将所有的经济业务登记入账并结出余额，做到账账相符、账证相符，为财产清查提供可靠的依据。（　　）

4. 采用先进先出法，在物价上涨时，会过低估计企业的当期利润和库存存货价值；反之，会高估企业存货价值和当期利润。（　）

5. 采用加权平均法，平时无法从账上提供发出和结存存货的单价及金额，因而不利于加强对存货的管理。所以，它只是理论上的一种方法，一般不为企业所采用。（　）

6. 对在银行存款清查时出现的未达账项，可编制银行存款余额调节表来调整，该表是调节账面余额的原始凭证。（　）

7. 存货发出的计价方法不同，不仅会影响企业资产负债表中的负债和损益项目，同时也会影响企业资产负债表中的资产项目。（　）

8. 实地盘存制是指平时根据会计凭证在账簿中登记各种财产的增加数和减少数，在期末再通过盘点实物，来确定各种财产的数量，并据以确定账实是否相符的一种盘存制度。（　）

9. 未达账项是指在企业和银行之间，由于凭证的传递时间不同，而导致了记账时间不一致，即一方已接到有关结算凭证已经登记入账，而另一方尚未接到有关结算凭证而未入账的款项。（　）

10. 为了反映和监督各单位在财产清查过程中查明的各种资产的盈亏及报经批准后的转销数额，应设置“待处理财产损溢”账户，该账户属于负债类账户。（　）

四、业务处理及计算题

习题一

1. 某企业2011年7月31日的银行存款日记账账面余额为691 000元，而银行对账单上企业存款余额为681 000元，经逐笔核对，发现有以下未达账项：

(1) 7月26日企业开出转账支票3 000元，持票人尚未到银行办理转账，银行尚未登账。

(2) 7月28日企业委托银行代收款项4 000元，银行已收款入账，但企业未接到银行的收款通知，因而未登记入账。

(3) 7月29日企业送存购货单位签发的转账支票15 000元，企业已登账，银行尚未登记入账。

(4) 7月30日，银行代企业支付水电费2 000元，企业尚未接到银行的付款通知，故未登记入账。

要求：根据以上有关内容，编制“银行存款余额调节表”，并分析调节后是否需要编制有关会计分录。

习题二

某企业2011年经财产清查，发现盘盈A材料3 200吨。经查明是由于计量上的错误所造成的，按计划成本每吨2元入账。

要求：对该企业盘盈的A材料作出批准前和批准后的账务处理。

习题三

某企业2011年经财产清查，发现盘亏B材料100吨，每吨单价200元。经查明，属于定额内合理的损耗共计1 000元；属于由过失责任人赔偿的共计8 000元；其余的属于自然灾害造成的损失，但由保险公司赔偿6 000元。

要求：对该企业B材料的盘亏进行批准前和批准后的账务处理。

习题四

某企业2011年在财产清查中，发现盘盈机器设备一台，估计原值为300 000元，估计已提折旧额为150 000元。

要求：对该企业盘盈的固定资产进行账务处理。

习题五

某企业2011年在财产清查中，发现盘亏机器设备一台，账面原值为300 000元，已提折旧额为100 000元。

要求：对该企业盘亏的固定资产进行批准前和批准后的账务处理。

第二部分　参考答案

一、单项选择题

1. C　2. A　3. D　4. C　5. B　6. A　7. A　8. B　9. B　10. B　11. B　12. C　13. C　14. D　15. C　16. C　17. B　18. B　19. D　20. C

二、多项选择题

1. CDE　2. ABCD　3. ABCDE　4. AE　5. ACD　6. ABD　7. ABCDE　8. AC　9. ACE　10. ABC　11. AD　12. CD　13. CD　14. ABCE　15. AE　16. CD　17. ABCD　18. AB　19. ABE　20. ADE

三、判断题

1. ×　2. √　3. √　4. ×　5. ×　6. ×　7. ×　8. ×　9. √　10. ×

四、业务处理及计算题

1. 编制银行存款余额调节表

银行存款余额调节表

2011年7月31日

项　目	金额（元）	项　目	金额（元）
企业银行存款日记账余额	691 000	银行对账单余额	681 000
加：银行已收企业未收	4 000	加：企业已收银行未收	15 000
减：银行已付企业未付	2 000	减：企业已付银行未付	3 000
调节后的存款余额	693 000	调节后的存款余额	693 000

银行存款余额调节表只是银行存款清查的方法，它只起到对账作用，不能作为调节账面余额的原始凭证。银行存款日记账的登记，还应待收到有关原始凭证后再进行。

习题二

有关的会计处理

批准前，会计处理为：

借：原材料　　6 400

　贷：待处理财产损溢　　6 400

批准后，会计处理为：

借：待处理财产损溢　　6 400

　贷：管理费用　　6 400

习题三

有关的会计处理

批准前，会计处理为：

借：待处理财产损溢　　23 400

　贷：原材料　　20 000

　　　应交税费——应交增值税（进项税额转出）3 400

批准后，会计处理为：

(1) 对于属于定额内合理损耗的处理：

借：管理费用　　1 000

　贷：待处理财产损溢　　1 000

(2) 对于属于由责任人赔偿的处理：

借：其他应收款　　8 000

　贷：待处理财产损溢　　8 000

(3) 对于属于自然灾害造成的损失的处理：

借：营业外支出　　8 400
　　其他应收款——保险公司　　6 000
　贷：待处理财产损溢　　14 400

习题四

有关的账务处理

借：固定资产　　300 000
　贷：累计折旧　　150 000
　　　以前年度损益调整　　150 000

习题五

有关的账务处理

批准前，会计处理为：

借：待处理财产损溢　　200 000
　　累计折旧　　100 000
　贷：固定资产　　300 000

批准后，会计处理为：

借：营业外支出　　200 000
　贷：待处理财产损溢　　200 000

第十章 财务会计报告

第一部分 练习题

一、单项选择题

1. 下列会计报表中属于静态报表的有（ ）。

A. 资产负债表　　B. 利润表

C. 财务状况变动表　　D. 资产负债表和利润表

2. 依照我国《企业会计准则》的要求，资产负债表采用的格式为（ ）。

A. 单步报告式　　B. 账户式

C. 多步报告式　　D. 混合式

3. 资产负债表是反映企业（ ）财务状况的会计报表。

A. 某一特定日期　　B. 一定时期内

C. 某一年份内　　D. 某一月份内

4. 资产负债表中的“存货”项目，应根据（ ）。

A. “存货”账户的期末借方余额直接填列

B. “原材料”账户的期末借方余额直接填列

C. “原材料”、“生产成本”和“库存商品”等账户的期末借方余额之和填列

D. “原材料”、“在产品”和“库存商品”等账户期末借方余额之和填列

5. 资产负债表中的资产项目，应按其（ ）程度大小排列顺序。

A. 重要性　　B. 流动性

C. 盈利性　　D. 变动性

6. “应收账款”科目所属明细科目如有贷方余额，应在资产负债表（ ）项目中反映。

A. 预付账款　　B. 预收账款

C. 应收账款　　D. 应付账款

7. 如果A企业期末资产负债表中“固定资产原价”为100万元，“累计折旧”为28万元，则企业“固定资产净额”应填列（ ）。

A. 128万元　　B. 100万元

C. 72万元　　D. 28万元

8. 编制会计报表时，以“收入-费用=利润”这一会计等式作为编制依据的会计报表是（　）。

A. 资产负债表　　B. 利润表

C. 现金流量表　　D. 所有者权益变动表

9. 编制会计报表时，以“资产=负债+所有者权益”这一会计等式作为编制依据的会计报表是（　）。

A. 资产负债表　　B. 利润表

C. 现金流量表　　D. 所有者权益变动表

10. 资产负债表的下列项目中，需要根据几个总账账户的期末余额进行计算填列的是（　）。

A. 长期股权投资　　B. 预计负债

C. 货币资金　　D. 实收资本

11. 不能通过资产负债表了解的会计信息是（　）。

A. 企业资金的来源和构成

B. 企业所掌握的经济资源及其分布情况

C. 企业固定资产的新旧程度

D. 企业在一定期间内现金的流入和流出信息及现金增减变动的原因

12. 资产负债表“未分配利润”项目应根据（　）账户的期末余额计算填列。

A. “本年利润”　　B. “利润分配”

C. “本年利润”和“利润分配”　　D. “应付利润”和“利润分配”

13. 依据我国《企业会计准则》的要求，利润表所采用的格式为（　）。

A. 单步式　　B. 账户式

C. 多步式　　D. 混合式

14. 利润表不提供以下哪个信息（　）。

A. 实现的营业收入　　B. 未分配利润

C. 实现的营业利润　　D. 发生的主营业务税金及附加

15. 利润表中各项目的金额应根据损益类账户的（　）来填列。

A. 期初余额　　B. 期末余额

C. 发生额　　D. 期初余额加发生额

二、多项选择题

1. 按照企业财务报告所反映的资金运动形态分类，可分为（　）。

A. 内部报告　　B. 外部报告

C. 静态报告　　D. 动态报告

2. 按照财务报告编制的单位层次分类，可分为（　　）。

A. 分部报告　　B. 法人报告

C. 内部报告　　D. 外部报告

3. 企业的下列报告中，属于对外的会计报告的有（　　）。

A. 资产负债表　　B. 利润表

C. 所有者权益变动表　　D. 制造成本表

E. 现金流量表

4. 下列各项目中，属于资产负债表中的流动资产项目的有（　　）。

A. 货币资金　　B. 应收账款

C. 应收票据　　D. 投资性房地产

E. 预收账款

5. 会计报表的使用者包括（　　）。

A. 债权人　　B. 企业内部管理人员

C. 投资者　　D. 政府部门

E. 潜在的投资者

6. 利润表提供的信息包括（　　）。

A. 实现的营业收入　　B. 发生的营业成本

C. 资产减值损失　　D. 利润或亏损总额

E. 企业的财务状况

7. 在利润表中，应列入“营业税金及附加”项目中的税费有（　　）。

A. 增值税　　B. 消费税

C. 城市维护建设税　　D. 资源税

E. 教育费附加

8. 构成营业利润的要素主要包括（　　）。

A. 营业收入　　B. 营业成本

C. 营业税金及附加　　D. 销售费用

E. 财务费用

9. 资产负债表中不属于非流动资产的项目包括（　　）。

A. 工程物资　　B. 预收账款

C. 投资性房地产　　D. 油气资产

E. 交易性金融资产

10. 现金及现金等价物主要包括的内容有（　　）。

A. 库存现金　　B. 银行存款

C. 其他货币资金　　D. 现金等价物

三、业务分析题

习题一

某企业2012年5月31日有关科目余额情况如下表：

（单位：元）

科目	借	贷	科目	借	贷
库存现金	40 000		短期借款		1 000 000
银行存款—中行	200 000		应付票据		40 000
建行	100 000		应付账款		50 000
在途物资——A	10 000		应付职工薪酬		30 000
B			应付股利		20 000
原材料——A			应交税费——增值税		
B	40 000		——销项税额		55 000
应收账款	155 000		——进项税额	15 000	
坏账准备		5 000			
应收票据	60 000				
库存商品	200 000		实收资本		1 310 000
固定资产	1 740 000		资本公积		60 000
累计折旧		40 000	本年利润		50 000
生产成本	100 000				

要求：根据给定的账户期末余额，计算各项目金额，填列下面的简要资产负债表。

项　目	期末余额	项　目	期末余额
货币资金	(1)	负债合计	(6)
存货	(2)		
流动资产合计	(3)		
固定资产净值	(4)		
资产总计	(5)	所有者权益合计	(7)

习题二

某股份有限公司2011年度有关账户的发生额资料如下（单位：元）：

主营业务收入 460 000　　　　财务费用 5 000　　　　管理费用 40 000

主营业务成本 210 000　　销售费用 10 000　　营业外收入 10 000
主营业务税金及附加 20 000　　投资收益 5 000　　营业外支出 15 000
其他业务收入 2 000　　其他业务支出 3 000　　所得税税率为25%

要求：编制企业2011年度的利润表。

利润表

2011年度　　（单位：元）

项目	本期金额
一、主营业务收入	
减：营业成本	
营业税金及附加	
销售费用	
管理费用	
财务费用	
加：投资收益	
二、营业利润	
加：营业外收入	
减：营业外支出	
三、利润总额	
减：所得税费用	
四、净利润	

第二部分　参考答案

一、单项选择题

1.A　2.B　3.A　4.C　5.B　6.B　7.C　8.B　9.A　10.C　11.D
12.C　13.C　14.B　15.C

二、多项选择题

1.CD　2.AB　3.ABCE　4.ABC　5.ABCDE　6.ABCD　7.BCDE
8.ABCDE　9.BE　10.ABCD

三、业务分析题

1.各项目计算如下：

（1）货币资金=40 000+200 000+100 000=340 000（元）

（2）存货=10 000+40 000+200 000+100 000=350 000（元）

(3) 流动资产合计=340 000+350 000+（155 000−5 000）+60 000=900 000（元）

(4) 固定资产净值=1 740 000−40 000=1 700 000（元）

(5) 资产总计=900 000+1 700 000=2 600 000（元）

(6) 负债合计=1 000 000+40 000+50 000+30 000+20 000+（55 000−15 000）
=1 180 000（元）

(7) 所有者权益合计=1 310 000+60 000+50 000=1 420 000（元）

资产负债表

（单位：元）

项目	期末余额	项目	期末余额
货币资金	340 000	负债合计	1 180 000
存货	350 000		
流动资产合计	900 000		
固定资产净值	1 700 000		
资产总计	2 600 000	所有者权益合计	1 420 000

2.

利润表

2011年度

（单位：元）

项目	本期金额
一、主营业务收入	462 000
减：营业成本	213 000
营业税金及附加	20 000
销售费用	10 000
管理费用	40 000
财务费用	5 000
加：投资收益	5 000
二、营业利润	179 000
加：营业外收入	10 000
减：营业外支出	15 000
三、利润总额	174 000
减：所得税费用	43 500
四、净利润	130 500

第十一章　会计工作组织管理

第一部分　练习题

一、单项选择题

1. 我国会计法规体系的第一层次是（　　）。

A. 《中华人民共和国会计法》　　B. 《企业财务会计报告条例》

C. 《企业会计准则》　　D. 《企业会计制度》

2. 《中华人民共和国会计法》明确规定（　　）管理全国的会计工作。

A. 国务院　　B. 财政部

C. 全国人民代表大会　　D. 中国注册会计师协会

3. 在国有大、中型企业中，领导和组织企业会计工作和经济核算工作的是（　　）。

A. 总经理　　B. 注册会计师

C. 高级会计师　　D. 总会计师

4. 会计人员的职责不包括（　　）。

A. 进行会计核算　　B. 编制预算

C. 进行会计监督　　D. 决定经营政策

5. 会计人员对不真实、不合法的原始凭证应（　　）。

A. 更正补充　　B. 不予受理

C. 无权自行处理　　D. 予以受理

6. 在一些小规模、业务简单的单位，可以（　　）。

A. 单独设置会计机构

B. 在有关机构中配备专职会计人员

C. 在单位领导机构中设置会计人员

D. 不进行会计核算

7. 集中核算和非集中核算，在一个企业里（　　）。

A. 可同时采用

B. 必须分别采用

C. 既可同时采用，又可分别采用

D. 不能同时采用

8. 会计职业道德是一种（　　）。

A. 强制性规范　　B. 非强制性规范

C. 法律规范　　D. 职业道德

9. 根据《会计档案管理办法》规定，企业记账凭证的保管期限为（　　）。

A. 3年　　B. 5年

C. 15年　　D. 永久

10. 会计人员办理交接手续，必须有监交人负责监交。其中会计机构负责人（会计主管人员）办理交接手续，监交人是（　　）。

A. 会计机构负责人　　B. 单位负责人

C. 财政部门　　D. 其他会计人员

二、多项选择题

1. 我国会计规范体系的构成层次包括（　　）。

A. 会计法律　　B. 会计行政法规

C. 会计部门规章　　D. 企业内部会计管理制度

2. 企业内部会计机构，按是否具备会计主体资格的层次分类，一般分为（　　）。

A. 集中核算　　B. 非集中核算

C. 独立核算　　D. 非独立核算

3. 我国《企业会计准则——基本准则》主要包括以下内容（　　）。

A. 会计基本假设的规定　　B. 会计信息质量的要求

C. 关于会计要素的规定　　D. 财务报告的规定

E. 会计人员职责的规定

4. 我国会计专业技术职务有（　　）。

A. 会计员　　B. 会计师

C. 助理会计师　　D. 高级会计师

E. 注册会计师

5. 会计档案的定期保管年限有（　　）。

A. 3年　　B. 5年

C. 10年　　D. 15年

E. 25年

6. 无论采用集中核算还是非集中核算，都应由企业财务会计部门集中办理的业务有（　　）。

A. 企业对外的现金往来　　B. 原材料的明细核算

C. 物资采购　　D. 债权债务的结算

E. 企业所有的会计报表的编制

7. 下列内容属于会计档案的有（　　）。

A. 会计凭证　　B. 会计账簿

C. 生产计划　　D. 银行存款余额调节表

E. 会计档案保管清册

8. 会计人员的主要职责有（　　）。

A. 会计核算

B. 会计监督

C. 编制财务计划和财务预算

D. 制定本单位会计核算制度和管理制度

E. 制定营销计划

第二部分　参考答案

一、单项选择题

1.A　2.B　3.D　4.D　5.B　6.B　7.D　8.B　9.C　10.B

二、多项选择题

1.ABC　2.CD　3.ABCD　4.ABCD　5.ABCDE　6.ACD　7.ABE　8.ABCD

附　录

《会计学基础》模拟试题A

(闭卷 120 分钟)

一、单项选择题（每小题1分，共15分）

1. 确定会计核算工作空间范围的前提条件是（　　）。

A. 会计分期　　B. 会计主体

C. 货币计量　　D. 持续经营

2. 会计的基本职能是（　　）。

A. 记录和计算　　B. 确认和计量

C. 分析和考核　　D. 核算和监督

3. 下列属于资本性支出的有（　　）。

A. 支付本季度房租　　B. 支付当月水电费

C. 支付固定资产买价　　D. 支付职工工资

4. 借贷记账法试算平衡的依据是（　　）。

A. 资金运动变化规律　　B. 会计等式平衡原理

C. 会计账户基本结构　　D. 平行登记基本原理

5. 下列费用中，不构成产品成本，直接计入当期损益的是（　　）。

A. 直接人工费　　B. 直接材料费

C. 期间费用　　D. 制造费用

6. 债权债务结算账户的贷方登记（　　）。

A. 债务的增加，债权的增加　　B. 债务的减少，债权的增加

C. 债务的减少，债权的减少　　D. 债务的增加，债权的减少

7. 下列内容不属于在途物资成本的构成项目的是（　　）。

A. 材料的买价　　B. 运输途中的合理损耗

C. 采购机构经费　　D. 外地运杂费

8. 企业将现金存入银行应编制（　　）。

A. 银行存款凭证　B. 银行付款凭证

C. 现金存款凭证　D. 现金付款凭证

9. “生产成本”明细账应采用的格式是（　　）。

A. 三栏式　B. 多栏式

C. 数量金额式　D. 任意格式

10. “本年利润”账户年内的贷方余额表示（　　）。

A. 利润分配额　B. 未分配利润额

C. 净利润额　D. 亏损额

11. 下列属于营业外收入的是（　　）。

A. 利息收入　B. 罚没收入

C. 投资收益　D. 清理固定资产收入

12. 依照我国《企业会计准则》的要求，资产负债表采用的格式为（　　）。

A. 单步报告式　B. 账户式

C. 多步报告式　D. 混合式

13. 资产负债表中的“存货”项目，应根据（　　）。

A. “存货”账户的期末借方余额直接填列

B. “原材料”账户的期末借方余额直接填列

C. “原材料”、“生产成本”和“库存商品”等账户的期末借方余额之和填列

D. “原材料”、“在产品”和“库存商品”等账户的期末借方余额之和填列

14. 根据权责发生制假设的要求，为了正确地划分各个会计期间的费用界限而设置的账户是（　　）。

A. 财务费用　B. 长期待摊费用

C. 管理费用　D. 制造费用

15. 记账凭证核算组织程序下登记总分类账的依据是（　　）。

A. 汇总记账凭证　B. 科目汇总表

C. 记账凭证　D. 原始凭证

二、多项选择题（下列各题，有两个或两个以上符合题意的正确答案，不选、错选、少选或多选均不得分。每小题2分，共20分）

1. 属于引起会计等式左右两边会计要素变动的经济业务有（　　）。

A. 收到某单位前欠货款10 000元存入银行

B. 以银行存款偿还银行借款

C. 收到某单位投来机器一台，价值80万元

D. 以银行存款偿还前欠货款10万元

E. 购买材料6 000元以银行存款支付货款

2. 会计核算的基本前提包括（　）。
A. 会计主体　B. 持续经营
C. 会计分期　D. 货币计量
3. 下列账户中，用贷方表示增加数的账户有（　）。
A. “应付账款”　B. “实收资本”
C. “累计折旧”　D. “盈余公积金”
E. 本年利润
4. 企业购入材料的采购成本包括（　）。
A. 材料买价　B. 增值税进项税额
C. 采购费用　D. 采购人员差旅费
E. 销售机构经费
5. 商品销售收入实现的主要标志有（　）。
A. 与所售商品所有权有关的风险和报酬已经转移
B. 不再对所售商品实施控制和继续管理
C. 收入的金额能够可靠地计量
D. 与交易有关的经济利益能够可靠地流入企业
E. 相关的已发生的成本能够可靠地计量
6. 关于“本年利润”账户，下列说法中正确的有（　）。
A. 借方登记期末转入的各项支出额　B. 贷方登记期末转入的各项收入
C. 贷方余额为实现的累计净利润额　D. 借方余额为发生的亏损额
E. 年末经结转后该账户没有余额
7. 下列可在职工福利费中开支的有（　）。
A. 职工的医药费　B. 职工困难补助
C. 职工退休金　D. 医务福利人员工资
E. 工会经费
8. 自制原始凭证按其填制程序和内容不同，可以分为（　）。
A. 外来凭证　B. 一次凭证
C. 累计凭证　D. 汇总原始凭证
E. 记账编制凭证
9. 对账的内容包括（　）。
A. 账证核对　B. 账表核对
C. 表表核对　D. 账账核对
E. 账实核对
10. 关于“制造费用”账户，下列说法正确的是（　）。

A. 借方登记实际发生的各项制造费用

B. 贷方登记分配转入产品成本的制造费用

C. 期末余额在借方，表示在产品的制造费用

D. 期末一般没有余额

E. “制造费用”账户是损益类账户，期末没有余额

三、判断题（每小题1分，共10分）

1. 一般来说，会计主体一定是法律主体，但法律主体并不一定是会计主体。（ ）

2. 对于预收货款业务不多的企业，可以不单独设置“预收账款”账户，其发生的预收货款通过“应收账款”账户核算。（ ）

3. 现金流量表中的现金净增加额与资产负债表中的货币资金期末数相等。（ ）

4. 对在银行存款清查时出现的未达账项，可编制银行存款余额调节表来调整，该表是调节账面余额的原始凭证。（ ）

5. 三栏式账簿一般适用于费用、成本等明细账。（ ）

6. 一次凭证是指只反映一项经济业务的凭证，如“领料单”。（ ）

7. 如果成本不能可靠地计量，即使其他条件均已满足，相关的收入也不能确认。（ ）

8. 会计科目是会计账户设置的依据。（ ）

9. 我国所有企业的会计核算都必须以人民币为记账本位币。（ ）

10. 所有者权益是指企业投资人对企业资产的所有权。（ ）

四、简答题（第1小题3分，第2小题4分，共7分）

1. 什么是公允价值？

2. 什么是复式记账法？

五、计算题（每小题6分，共12分）

1. 甲公司在月末将本月发生的制造费用630 000元，按照生产工时比例分配计入A、B产品的生产成本。其中A产品生产工时4 500个，B产品生产工时5 500个。

要求：

计算制造费用分配率及A、B产品分别负担的制造费用额。

2. 乙公司2012年6月发生下列业务：

（1） 销售商品60 000元，货款尚未收到；

（2） 收到上个月的销售商品款项90 000元存入银行；

（3） 用银行存款支付本月的水电费6 000元；

（4） 用现金10 000元预付下半年的房租；

(5) 用银行存款6 000元支付本季度借款利息，其中本月2 000元；

(6) 本月提供劳务的收入50 000元，款项未收到；

(7) 按照合同规定预收订货款180 000元，存入银行；

(8) 本月负担年初已付款的报刊费1 000元。

要求：

分别按收付实现制和权责发生制计算公司本月的收入、费用和利润。

六、业务分析题 (每小题2分，计36分)

某企业本月经济业务（部分）如下，请根据资料编制会计分录。

1. 投资方投入一块土地的使用权，双方共同确认的价值为3 800 000元，已办理好各种手续。

2. 购入甲材料10 000元，增值税进项税额1 700元，款项未付。

3. 甲材料验收入库，结转其成本。

4. 用银行存款98 000元预付乙材料的订购货款。

5. 车间领用甲材料6 000元用于A产品生产，领用甲材料10 000元用于B产品生产。

6. 本月职工工资分配情况如下：

A产品生产工人工资	12 000
B产品生产工人工资	28 000
车间管理人员工资	9 000
厂部管理人员工资	10 000
合　计	59 000

7. 用银行存款59 000元支付职工工资。

8. 本月A产品完工总成本为65 000元，已验收入库，结转成本。

9. 用银行存款2 500元支付A产品的广告费。

10. 销售A产品20 000元，增值税销项税额3 400元，款项暂未收到。

11. 月末结转A产品的销售成本11 000元。

12. 出租包装物，收到租金4 600元，存入银行。

13. 职工张天出差预借差旅费7 000元。

14. 职工张天出差归来报销差旅费6 500元，余额退回现金。

15. 用银行存款1 000元支付罚款支出。

16. 用现金支付本月的报刊费用1 200元。

17. 库存现金盘点发现短款400元。

18. 经查明，该短款属于出纳员张红的责任，应由出纳员赔偿。

《会计学基础》模拟试题B

（闭卷120分钟）

一、单项选择题（每小题1分，共15分）

1. 强调经营成果计算的企业适合采用（　）。

A. 永续盘存制　　B. 实地盘存制

C. 收付实现制　　D. 权责发生制

2. 把账户分为借贷两方，哪一方记增加数，哪一方记减少数，取决于（　）。

A. 记账形式　　B. 账户性质

C. 记账方法　　D. 记账规则

3. 配比原则是指（　）。

A. 收入与营业费用相配比　　B. 收入与其相关的成本费用相配比

C. 收入与产品成本相配比　　D. 收入与支出相互配比

4. 会计账户设置的依据是（　）。

A. 会计对象　　B. 会计要素

C. 会计方法　　D. 会计科目

5. 下列内容属于其他业务收入的是（　）。

A. 罚款收入　　B. 出售材料收入

C. 委托代销商品收入　　D. 清理固定资产净收益

6. 结算类账户的期末余额（　）。

A. 在借方　　B. 在贷方

C. 可能在借方，也可能在贷方　　D. 以上都不对

7. 下列属于外来原始凭证的是（　）。

A. 发料汇总表　　B. 入库单

C. 银行收款通知单　　D. 出库单

8. 总分类账与特种日记账的外表形式应采用（　）。

A. 活页式　　B. 订本式

C. 卡片式　　D. 任意外表形式

9. 在记账无误的情况下，造成银行对账单和银行存款日记账不一致的原因是（　）。

A. 应付账款　　B. 应收账款

C. 未达账项　　D. 外埠存款

10. 下列项目的清查应采用询证核对法的是（　）。

A. 原材料　　B. 实收资本

C. 短期投资　　D. 应付账款

11. 永续盘存制的优点是（　）。

A. 简化了存货的日常核算工作

B. 省去了记录存货发出的经济业务

C. 有利于加强存货的日常管理

D. 在品种规格多的企业存货明细工作量小

12. 资产负债表是反映企业（　）财务状况的会计报表。

A. 某一特定日期　　B. 一定时期内

C. 某一年份内　　D. 某一月份内

13. 依据我国《企业会计准则》的要求，利润表所采用的格式为（　）。

A. 单步报告式　　B. 账户式

C. 多步报告式　　D. 混合式

14. 下列不属于未达账项的是（　）。

A. 开户单位已收、银行未收的账项

B. 开户单位已付、银行未付的账项

C. 银行已收、开户单位未收的账项

D. 银行已付、开户单位已付的账项

15. 在下列核算组织程序中，被称为最基本的会计核算组织程序的是（　）。

A. 记账凭证核算组织程序　　B. 汇总记账凭证核算组织程序

C. 科目汇总表核算组织程序　　D. 日记总账核算组织程序

二、多项选择题（下列各题，有两个或两个以上符合题意的正确答案，不选、错选、少选或多选均不得分。每小题2分，共20分）

1. 属于只引起会计等式左边会计要素变动的经济业务有（　）。

A. 购买材料1 000元，货款暂欠

B. 从银行提取现金1 000元

C. 购买机器一台，以存款支付10万元货款

D. 接受国家投资200万元

E. 收到某外商捐赠货物一批，价值50万元

2. 会计主体前提条件解决并确定了（　）。

A. 会计核算的空间范围　　B. 会计核算的时间范围

C. 会计核算的计量问题　　D. 会计为谁记账的问题

3. 借贷记账法的记账符号中“贷”对于下列会计要素表示增加的有（　）。

A. 资产　　B. 负债

C. 所有者权益　　D. 收入

E. 利润

4. 下列能引起资产和所有者权益同时增加的业务有（　）。

A. 收到国家投资存入银行　　B. 提取盈余公积

C. 收到外商投资存入银行　　D. 将资本公积金转增资本

E. 收到外单位的现金投资

5. 制造企业的主要经济业务包括（　）。

A. 资金筹集业务　　B. 供应过程业务

C. 产品生产业务　　D. 产品销售业务

E. 财务成果业务

6. 为适应权责发生制的要求而设立的账户有（　）。

A. “银行存款”　　B. “固定资产”

C. “长期待摊费用”　　D. “长期投资”

E. “预提费用”

7. 在生产过程中，用来归集制造产品的生产费用，并据以计算产品生产成本的账户有（　）。

A. “制造费用”　　B. “库存商品”

C. “在途物资”　　D. “生产成本”

E. “主营业务成本”

8. 外来原始凭证应该是（　）。

A. 从企业外部取得的　　B. 由企业会计人员填制的

C. 一次凭证　　D. 盖有填制单位公章的

E. 累计凭证

9. 财产清查按清查的执行单位不同，可分为（　）。

A. 外部清查　　B. 局部清查

C. 定期清查　　D. 不定期清查

E. 内部清查

10. 账簿按用途不同可分为（　）。

A. 序时账簿　　B. 分类账簿

C. 联合账簿　　D. 备查账簿

E. 活页式账簿

三、判断题（每小题1分，共10分）

1. 利润表是反映企业月末、季末或年末取得的利润或发生的亏损情况的报表。　（　）

2. 会计部门要在财产清查之前将所有的经济业务登记入账并结出余额，做到账账相符、账证相符，为财产清查提供可靠的依据。　（　）

3. 账簿即会计账户。　（　）

4. 企业对代销的商品，可以设置备查账簿进行登记。　（　）

5. 会计凭证登账后的整理、装订和归档两年后可销毁。　（　）

6. 长期借款利息支出应根据利息支出的具体情况予以资本化或计入当期损益。　（　）

7. 会计科目只有总分类科目一个级次。　（　）

8. 会计主体是指企业法人。　（　）

9. 会计计量单位只有一种，即货币计量。　（　）

10. 与所有者权益相比，负债一般有规定的偿还期，而所有者权益没有。　（　）

四、简答题（第1小题4分，第2小题3分，共7分）

1. 借贷记账法的记账规则是什么？

2. 什么是权责发生制？

五、计算题（每小题8分，共16分）

1. A公司2011年年初所有者权益总额为5 120 000元，年内接受某投资人的实物投资500 000元，接受现金投资330 000元，用资本公积金转增资本150 000元。

要求：

计算A公司年末所有者权益总额（须列出计算过程）。

2. B公司2011年度的有关资料如下：

（1）主营业务收入420 000元，营业税金及附加11 000元，销售费用5 500元，主营业务成本180 000元；

（2）其他业务收入22 000元，其他业务成本18 000元；

（3）管理费用25 000元，财务费用9 000元；

（4）营业外支出10 000元；

（5）所得税率25%。

要求：

计算B公司的营业利润、利润总额和净利润。

六、业务分析题（每小题2分，共36分）

某企业本月经济业务（部分）如下，根据资料编制会计分录。

1. 从银行取得临时借款120 000元，存入银行。

2. 接受投资人从投资260 000元，款项通过银行划转。

3. 购入甲材料30 000元，增值税进项税额5 100元，用银行存款支付。

4. 车间领用甲材料5 000元用于A产品生产，领用甲材料8 000元用于B产品生产。

5. 分配工资费用，其中A产品工人工资21 000元，B产品工人工资19 000元，车间管理人员工资8 000元。

6. 用银行存款支付职工工资。

7. 本月B产品完工总成本为25 000元，已验收入库，结转成本。

8. 用银行存款9 600元预付明年的报刊费用。

9. 计提应由本月负担的银行借款利息1 200元。

10. 经批准，用资本公积金45 000元转增资本。

11. 收到罚款收入2 000元，存入银行。

12. 预收蓝天公司货款15 000元，存入银行。

13. 库存现金盘点发现长款600元。

14. 反复核查，未能查明原因，报经批准转作营业外收入。

15. 用1 200元现金支付厂部办公用品费。

16. 向某单位转让商标使用权，取得收入500 000元，存入银行。

17. 职工张三出差预借差旅费7 000元。

18. 职工张三出差回来报销差旅费6 500元，余款退回现金。

《会计学基础》模拟试题A标准答案及评分标准

一、单项选择题

1.B 2.D 3.C 4.B 5.C 6.D 7.C 8.D 9.B
10.C 11.B 12.B 13.C 14.B 15.C

评分标准：每小题1分

二、多项选择题

1.BCD 2.ABCD 3.ABCDE 4.AC 5.ABCDE
6.ABCDE 7.ABD 8.BCD 9.ABDE 10.ABD

评分标准：每小题2分，不选、错选、少选或多选均不得分

三、判断题

1.× 2.√ 3.× 4.× 5.× 6.× 7.√ 8.√ 9.× 10.×

评分标准：每小题1分

四、简答题

1. 公允价值，是指在公平交易中，熟悉情况的交易双方，自愿进行资产交换或债务清偿的金额。在公允价值计量下，资产和负债按照在公平交易中，熟悉情况的交易双方自愿进行资产交换或者债务清偿的金额计量。

2. 复式记账法，是指对任何一项经济业务，都必须用相等的金额在两个或两个以上的有关账户中相互联系地进行登记，借以反映会计对象具体内容增减变化的一种记账方法。

评分标准：第1小题3分，第2小题4分

五、计算题（每小题6分，共12分）

1. 制造费用分配率=制造费用总额/生产工时总和
=630 000/（4 500+5 500）=63（元/工时） （2分）
A产品负担的制造费用额=4 500 × 63=283 500（元） （2分）
B产品负担的制造费用额=5 500 × 63=346 500（元） （2分）

2.

收付实现制：

收入=90 000+180 000=270 000（元） （1分）

费用=6 000+10 000+6 000=22 000（元） （1分）

利润=270 000−22 000=248 000（元） （1分）

权责发生制：

收入=60 000+50 000=110 000（元） （1分）

费用=6 000+2 000+1 000=9 000（元） （1分）

利润=110 000−9 000=101 000（元） （1分）

六、业务分析题（每小题2分，共36分）

1\. 借：无形资产　　3 800 000
　　贷：实收资本　　3 800 000

2\. 借：在途物资——甲材料　　10 000
　　　应交税费——应交增值税（进项税额）　　1 700
　　贷：应付账款　　11 700

3\. 借：原材料——甲材料　　10 000
　　贷：在途物资——甲材料　　10 000

4\. 借：预付账款　　98 000
　　贷：银行存款　　98 000

5\. 借：生产成本——A产品　　6 000
　　　　　　　——B产品　　10 000
　　贷：原材料——甲材料　　16 000

6\. 借：生产成本——A产品　　12 000
　　　　　　　——B产品　　28 000
　　　制造费用　　9 000
　　　管理费用　　10 000
　　贷：应付职工薪酬　　59 000

7\. 借：应付职工薪酬　　59 000
　　贷：银行存款　　59 000

8\. 借：库存商品——A产品　　65 000
　　贷：生产成本——A产品　　65 000

9\. 借：销售费用　　2 500
　　贷：银行存款　　2 500

10. 借：应收账款　　23 400
　　贷：主营业务收入　　20 000
　　　　应交税费——应交增值税（销项税额）　　3 400
11. 借：主营业务成本　　11 000
　　贷：库存商品——A产品　　11 000
12. 借：银行存款　　4 600
　　贷：其他业务收入　　4 600
13. 借：其他应收款——张天　　7 000
　　贷：库存现金　　7 000
14. 借：管理费用　　6 500
　　　　库存现金　　500
　　贷：其他应收款——张天　　7 000
15. 借：营业外支出　　1 000
　　贷：银行存款　　1 000
16. 借：管理费用　　1 200
　　贷：库存现金　　1 200
17. 借：待处理财产损溢——待处理流动资产损溢　　400
　　贷：库存现金　　400
18. 借：其他应收款——张红　　400
　　贷：待处理财产损溢——待处理流动资产损溢　　400

《会计学基础》模拟试题B标准答案及评分标准

一、单项选择题

1.D　2.B　3.B　4.D　5.B　6.C　7.C　8.B　9.C
10.D　11.C　12.A　13.C　14.D　15.A

评分标准：每小题1分

二、多项选择题

1.BC　2.AD　3.BCDE　4.ACE　5.ABCDE　6.CE
7.AD　8.ACD　9.AE　10.ABD

评分标准：每小题2分，不选、错选、少选或多选均不得分

三、判断题

1.×　2.√　3.×　4.√　5.×　6.√　7.×　8.×　9.×　10.√

评分标准：每小题1分

四、简答题（第1小题4分，第2小题3分）

1.借贷记账法的记账规则是：有借必有贷，借贷必相等。

2.权责发生制：是指企业以收入的权利和支出的义务是否归属于本期为标准来确认收入、费用的一种会计处理基础。也就是以应收应付为标准，而不是以款项的实际收付是否在本期为标准来确认本期的收入和费用。

五、计算题（每小题6分，共12分）

1.A公司年末所有者权益总额=5 120 000+500 000+330 000=5 950 000（元）

2.营业利润=(420 000+22 000)－(180 000+18 000)－11 000–5 500–25 000–9 000
=204 500（元）

利润总额=204 500–10 000=194 500（元）

净利润=194 500–194 500×25%=145 875（元）

六、业务分析题（每小题2分，共36分）

1. 借：银行存款　1 200 000
　　贷：短期借款　1 200 000
2. 借：银行存款　2 600 000
　　贷：实收资本　2 600 000
3. 借：在途物资——甲材料　30 000
　　　应交税费——应交增值税（进项税额）　5 100
　　贷：银行存款　35 100
4. 借：生产成本——A产品　5 000
　　　　　　　——B产品　8 000
　　贷：原材料——甲材料　13 000
5. 借：生产成本——A产品　21 000
　　　　　　　——B产品　19 000
　　　制造费用　8 000
　　贷：应付职工薪酬　48 000
6. 借：应付职工薪酬　48 000
　　贷：银行存款　48 000
7. 借：库存商品——B产品　25 000
　　贷：生产成本——B产品　25 000
8. 借：预付账款　9 600
　　贷：银行存款　9 600
9. 借：财务费用　1 000
　　贷：应付利息　1 000
10. 借：资本公积　45 000
　　贷：实收资本　45 000
11. 借：银行存款　3 000
　　贷：营业外收入　3 000
12. 借：银行存款　15 000
　　贷：预收账款　15 000
13. 借：库存现金　600
　　贷：待处理财产损溢——待处理流动资产损溢　600
14. 借：待处理财产损溢——待处理流动资产损溢　600
　　贷：营业外收入　600

15. 借：管理费用　　1 200
　　贷：库存现金　　1 200

16. 借：银行存款　　500 000
　　贷：其他业务收入　　500 000

17. 借：其他应收款——张三　　7 000
　　贷：库存现金　　7 000

18. 借：库存现金　　500
　　　　管理费用　　6 500
　　贷：其他应收款——张三　　7 000